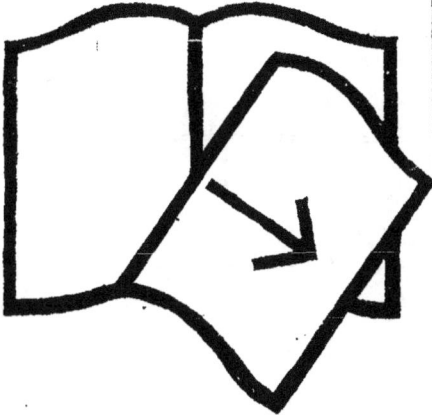

Couverture inférieure manquante

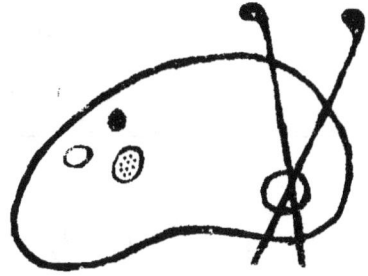

Début d'une série de documents
en couleur

SOCIÉTÉ DES SCIENCES, DE L'AGRICULTURE & DES ARTS DE LILLE.

Mémoires. — Vᵉ Série.

FASCICULE V.

L'ARTILLERIE BOURGUIGNONNE

A LA

BATAILLE DE MONTLHÉRY

PAR JULES FINOT,

ARCHIVISTE DU DÉPARTEMENT DU NORD.

LILLE,
IMPRIMERIE L. DANEL.

SOCIÉTÉ DES SCIENCES, DE L'AGRICULTURE ET DES ARTS DE LILLE

Mémoires. — V⁰ Série.

Fin d'une série de documents
en couleur

MÉMOIRES

DE LA

SOCIÉTÉ DES SCIENCES,
DE L'AGRICULTURE ET DES ARTS
DE LILLE.

CINQUIÈME SÉRIE.

FASCICULE V

L'ARTILLERIE BOURGUIGNONNE A LA BATAILLE DE MONTLHÉRY

Par Jules FINOT.

L'ARTILLERIE BOURGUIGNONNE

A LA

BATAILLE DE MONTLHÉRY

PAR

JULES FINOT,

ARCHIVISTE DU DÉPARTEMENT DU NORD.

LILLE,
IMPRIMERIE L. DANEL.

1896.

L'ARTILLERIE BOURGUIGNONNE

A LA

BATAILLE DE MONTLHÉRY [1]

———

Les armées des ducs de Bourgogne ne devaient pas rester en retard sous le point de vue des progrès de l'artillerie et de l'importance du rôle qu'elle était appelée à jouer dans les guerres du XVᵉ siècle. Tour à tour, alliés de l'Angleterre et de la France, ces princes furent ainsi à même de connaître tous les perfectionnements de ce service militaire chez ces deux nations. Ils comprirent surtout de très-bonne heure, la nécessité de lui donner une forte organisation avec un contrôle sérieux de ses dépenses. C'est grâce aux mesures qu'ils prirent, que leur artillerie devint bientôt une des plus considérables de l'Europe. Malgré les pertes qu'elle éprouva à la suite des revers de Charles le Téméraire, elle ne tarda pas à être fortement reconstituée et à devenir l'élément le plus solide des armées de Maximilien et de Charles-Quint et nous n'avons pas besoin de rappeler que c'est à

---

(1) Ce travail était terminé lorsque parut le savant ouvrage de M. Joseph Garnier : *L'Artillerie des ducs de Bourgogne, d'après les documents conservés aux Archives de la Côte-d'Or*. (Paris, Honoré Champion, libraire, 9, quai Malaquais, 1895), dans lequel se trouvent analysés ou publiés un grand nombre de documents concernant l'artillerie de ces princes dans les Pays-Bas. L'excellente table qui termine cet ouvrage donne la liste des villes et châteaux où elle se trouvait. Mais aucun de ces documents ne se rapporte à la campagne de 1465.

elle, encore plus qu'à la folle bravoure de François 1er, que les troupes impériales durent d'être victorieuses à Pavie.

Jusqu'au milieu du XVe siècle, l'artillerie bourguignonne ne se composait guère que de lourdes et primitives bombardes et de gros mortiers placés dans les villes fortifiées et les châteaux-forts pour en assurer la défense. Quand il s'agissait, au contraire, d'assiéger une place ennemie, on tirait des villes et des châteaux les plus rapprochés de la frontière, les canons et les engins dont on pouvait avoir besoin. On les réintégrait dans ces villes et ces châteaux après la prise de la place assiégée ou la levée du siège, si on n'était pas, dans ce dernier cas, obligé de les abandonner faute de moyens de transport suffisants.

L'artillerie de campagne ne comprenait que quelques serpentines et couleuvrines un peu moins massives que les bombardes, et pouvant souvent se démonter en plusieurs pièces, ce qui les rendait plus transportables. Mais il est facile de comprendre combien on perdait de temps pour les remonter et les mettre en état, une fois arrivé en présence de l'ennemi. En somme, c'était toujours, les anciennes armes offensives et de jet : lances, piques, vouges, maillets de plomb, arcs, flèches, ribaudequins et arbalètes, qui jouaient le principal rôle dans les combats en rase campagne. La fourniture de ces armes et des munitions était, d'ailleurs, comprise dans le service de l'artillerie, qui, comme l'indique l'étymologie de ce nom, s'étendait à toutes les espèces d'engins employés à la guerre (1).

De Barante, d'après l'historien Monstrelet (2), qualifie de belle l'artillerie que les troupes du duc Philippe le Bon abandonnèrent dans les bastilles construites autour de Compiègne lorsqu'elles levèrent le siège de cette ville en 1430. Mais on n'a aucun détail précis, ni sur le nombre, ni

---

(1) Voir Littré au mot *Artillerie*.

(2) Histoire des ducs de Bourgogne. Tome III, p. 388.

sur la nature des pièces qui la composaient. Il est probable qu'elles provenaient des places de la Picardie et de l'Artois, d'où elles avaient été extraites au moment de l'entrée en campagne.

Pendant la longue paix qui suivit le traité d'Arras, le service de l'artillerie, au lieu d'être négligé, fut, au contraire, l'objet de toute la sollicitude du Duc qui tint à honneur de le voir rivaliser avec celui que Gaspard Bureau, grand maître de l'artillerie du roi Charles VII, avait organisé en France. Jusqu'alors, c'était le receveur général des finances des Pays-Bas qui avait payé les dépenses de la guerre et de l'artillerie. L'administration de ce service était confiée à des officiers qui prenaient le titre, en usage encore de nos jours, de gardes de l'artillerie. Ainsi, on trouve, en 1434, Jean Cam, dit le Camus, garde de l'artillerie du Duc. Leurs fonctions paraissent s'être réduites alors à celles de simples gardiens ou conservateurs des pièces et engins de guerre déposés dans les châteaux et places fortes et principalement à Lille au palais de la Salle ainsi qu'aux châteaux de Courtrai et de la Poterne. C'était à Lille, en effet, que de bonne heure avait été établi l'arsenal renfermant la réserve de l'artillerie et surtout celle destinée aux expéditions soit en France, soit dans les Pays-Bas. Cette ville convenait admirablement à cette destination, grâce à sa position centrale et aux nombreux canaux qui la reliaient déjà par la Deûle, à la Lys, à la Scarpe et à l'Escaut et facilitaient ainsi le transport des pièces qui parvenaient de cette manière plus rapidement à proximité des champs de bataille que par les voies de terre. Au contraire, les fonderies de canons avaient été établies plus en arrière, à Malines, à Huy et à Liège sur la Meuse.

En 1456, à côté du garde de l'artillerie, on remarque un autre officier désigné sous le nom de contrôleur, Guillaume Moisson. Il était sans doute chargé de vérifier, sous le point de vue de la quantité et de l'état matériel, l'artillerie qui se trouvait dans les châteaux-forts et dont il devait dresser et renouveler, de temps à autre, les inventaires. Mais le chef suprême de ce service, celui qui avait mission d'en assurer la direction générale au point de vue technique, c'était le maître de l'artillerie, François l'Aragonais, seigneur de Sisy (1458), vaillant capitaine, rendu fameux par la manière dont il avait enlevé par surprise les villes de Montargis et de Fougères. A côté de lui, le duc Philippe le Bon, ne tarda pas à placer un officier d'un ordre plus administratif et financier que militaire, chargé de toute la comptabilité, non-seulement de l'artillerie, mais aussi du service des gages et soldes des gens de guerre. Ce fut le receveur de l'Artillerie.

Le premier titulaire de cet important office semble avoir été Guillaume Bourgois dont le nom apparaît dès 1458. Toutefois les premiers comptes de ce receveur, conservés aux Archives du Nord, ne remontent qu'à 1467. Mais il faut observer que la collection des comptes et documents concernant l'artillerie déposée autrefois à la Chambre des Comptes de Lille, eut beaucoup à souffrir pendant la Révolution. Par une singulière coïncidence, ces papiers et parchemins, monuments des anciennes guerres, convertis en cartouches et en gargousses, servirent à soutenir la lutte de la France contre l'Europe coalisée. L'arsenal de Metz où ils avaient été transportés, en conserva longtemps des débris. Quelques fragments de ces comptes furent même, en 1844, renvoyés aux Archives du Nord, sur la demande du savant archiviste M. le Dr Le Glay.

Les Archives générales du Royaume de Belgique sont plus riches sur ce point. Elles possèdent 95 comptes de l'Artillerie (1). Le premier daté du 1er février 1473, est celui de Claude de Menotey qui portait le titre de conseiller et de receveur de l'artillerie. Le dernier comprend la période de 1640 à 1650.

---

(1) Nos 26.164 à 26.259 de l'Inventaire de la Chambre des Comptes de Bruxelles. Tome IV, p. 250 et suiv.

A partir du règne de l'archiduc Maximilien d'Autriche, le service de la recette de l'Artillerie fut dédoublé. On institua alors un trésorier des guerres, chargé d'une manière permanente et non à titre exceptionnel comme cela s'était déjà présenté quelquefois, du règlement de toutes les dépenses militaires autres que celles spéciales à l'artillerie, poudres, armes et munitions diverses ainsi qu'à leur transport, dont l'ordonnancement et la comptabilité restèrent toujours du ressort du receveur de l'Artillerie. Le Trésorier des guerres eut à pourvoir principalement au payement des gens d'armes et des travaux de fortification. Ses comptes et les pièces comptables qui les accompagnent, forment donc un fonds particulier et distinct de celui de la Recette de l'Artillerie à partir de la fin du XVᵉ siècle.

Malgré les mutilations qu'il a subies et qui ont entraîné des lacunes considérables, ce dernier fonds présente cependant une grande importance au point de vue de l'histoire politique et militaire des XVᵉ et XVIᵉ siècles, en France et dans les Pays-Bas. Il comprend encore : 12 rouleaux de parchemin, 1 registre in-fᵒ avec 22 cahiers tant in-fᵒ qu'in-8ᵒ, soit en tout 575 feuillets et 1576 pièces isolées, en parchemin ou en papier, documents classés sous les rubriques suivantes : 1ᵒ Ordonnances relatives à l'organisation et à l'administration de l'Artillerie ; 2ᵒ Comptes et Pièces comptables de la Recette de l'Artillerie ; 3ᵒ Inventaires généraux et particuliers des bombardes, serpentines, mortiers, armes et munitions de toute nature ; 4ᵒ États des dépenses pour les fournitures de vivres, munitions et frais de transport.

Nous ne signalerons ici que les pièces les plus importantes, reproduites in-extenso ou analysées dans les 21 articles consacrés à l'inventaire de ce fonds (1).

Ce sont :

1ᵒ les ordonnances du duc Charles le Téméraire et de

---

(1) Art. B. 3515-3536 de l'Inventaire Sommaire du Nord.

l'empereur Charles-Quint, réglementant le service de leur artillerie en temps de paix et en campagne (1) ;

2° l'état de l'artillerie emmenée par le comte de Charolais, plus tard le duc Charles le Téméraire, dans sa campagne en France et au pays de Liège, du 22 mai 1465 jusqu'au 27 janvier 1466, document sur lequel nous aurons à nous étendre plus loin (2) ;

3° celui de l'artillerie du même prince pendant ses campagnes contre les villes de Dinant en 1466 (3), de Ziéricsée, en 1472 (4), et de Nancy, en 1475 (5) ;

4° une série de curieux mandements adressés par l'archiduc Maximilien pendant ses campagnes contre les Flamands révoltés, au receveur de l'Artillerie, pour le presser de lui envoyer les bombardes, la poudre et les munitions nécessaires. La plupart d'entre eux portent des annotations autographes de l'archiduc Maximilien, rédigées, soit en latin, soit en allemand, soit en un français barbare dont les mots sont orthographiés sous des formes germaniques, et par lesquelles il enjoint à ce fonctionnaire de faire toutes les diligences possibles pour exécuter ses ordres.

C'est ainsi qu'on y trouve, jointe à un mandement du 29 février 1480, prescrivant au receveur de venir à Lille et de lui amener dans cette ville 20 caques de poudre, la note suivante écrite de la main même de l'Archiduc et formulée en ces termes : « Faciatis omnino diligentiam quod habeam istas XX cacas pulveris, quia, sy non habeam in XII diebus, hic habebo in ceterum vices, damna ; ideo facietis diligentiam quod possim vos laudare, nec non parcatis nullis expensis. » (6).

En 1480, c'est une annotation en allemand au bas de l'ordre

---

(1) Archives du Nord. B. 3515.
(2)   Idem.   B. 3516.
(3)   Idem.   B. 3517.
(4)   Idem.   B. 3518 et 3519.
(5)   Idem.   Ibidem.
6)   Idem.   B. 3522.

de venir à Gand « pour nous gaigner aucunes choses qui nous sont nécessaires » : « Ich han der min zvier gefruren » (1). Puis, sous la date du 8 juin 1483, on trouve un mandement prescrivant de faire amener au château de Gorinchem, 100 salades, 1.000 écrevisses (cuirasses formées d'écailles métalliques) et 1.000 longues piques avec ces mots autographes : « Faites le susdict autant que vous créeindés de desplaere » (2) ; sous celle probable de juin 1485, le billet suivant adressé au maître de l'Artillerie et qui paraît avoir été écrit lorsque l'Archiduc s'apprêtait à attaquer les Flamands révoltés : « Liénhart, regardé que je puit avoir l'artillerye à nuit à Gasbèke, car les kanoniers de Hénaut sont iscy ; n'oblié pas les courtaux de fer, qui sunt deux, soient aussy ; aultrement, je me corrusceré à vous ; n'oblié point aussy les escelles et le pont et les arbelestres. Max. » (3).

Enfin, vers 1488, l'Archiduc écrit, toujours de sa main, au receveur de l'Artillerie Laurent Le Mitre : « Receveur d'artillery, Lorens de Muter, il y a aujourduy ung mois que je vous a assingné et appunkté (appointé) beacop de mylle livres, et je n'é (ai) point artilery prest pour une livre ; dont il fault que je me combate demain sans artilery ; lequel est vostre faulte et que vous entendés gaingner (faire du profit), mais il vous repanteray, car je vous promés, en parolle de prince, que à mon retour, à l'ayde de Dieu, vous saerez banniz hors de tous mes païs et confiscarez vos biens tousjours à bon conte. Je layré (laisserai) en cest chasteau de Gasbeke aujourd'huy jousques au diné, II[c] chevaux pour conduyre vivres de Bruxelles après moy ; sy il y a possibilité de nous trouver de nuit entour Gramont, sy il i a aucune artilery en chemin, faites les haster par aultrement, il ne

(1) Archives du Nord. B. 3522.

(2)   Idem.   Ibidem.

(3)   Idem.   B. 3521.

pourra venir servir, ne au tems (à temps); mès (mais) vous nous monstrés point estre bon serviteur » (1).

On voit aussi l'Archiduc réclamer des pavois, sortes de longs et larges boucliers destinés à mettre les travailleurs à l'abri pendant les sièges : « Faetes autant paer (par) tout potance (pouvoir) que ne soit faulte, ne délay que je puis avoir le harnaschement et pykes et venés sans excusacion » ; « Amenés aussy iscy tous les pavois qui nous sunt demourés à Utrecht et les maillets de plonc du voyaige de Flandres »(2). Sur un mandement ordonnant d'envoyer immédiatement toutes les échelles, tant grandes que petites, de manière à ce qu'elles soient le lendemain de bonne heure à Tenremonde, en les faisant sortir de Malines par la porte de Rupelmonde et quand les chariots seront hors de la ville, de leur faire prendre le long des murs le chemin de Tenremonde, avec des chevaux, des chariots chargés de tentes et de pavillons, les *courtaulx*, la maison de bois du prince, les grandes tentes de Mgr d'Esquerdes, Maximilien a ajouté : « Lisez deux fois cestes lettres et faites tout sela que est comprins dedans à haste, sur tant que vous nous voulliés complère » ; sur un autre, demandant de faire fabriquer de la poudre à canon jusqu'à concurrence de la somme de 5.000 livres, de tirer des villes des tentes, pavillons, chevaux, chariots, d'envoyer en toute diligence quantité de *pierres de fer* (boulets) pour les *courtaulx*, etc.: « Regardé bien sur nostre grand indignacion que nous n'aïons faulte de ceste V^M livres d'argent de poudre, car nous nous sommes assuré que vous avez bien le crédit » ; etc. (3).

Ces citations montrent l'importance de l'artillerie à la fin du XVe siècle et même, on peut remarquer, grâce à elles, que son emploi dans les combats en rase campagne

---

(1) Archives du Nord. B. 3.521.
(2)   Idem.   B. 3.522.
(3)   Idem.   B. 3.523. L'orthographe bizarre de ces annotations autographes de Maximilien a été respectée.

était devenu général tandis qu'il avait été encore très restreint vingt ans auparavant.

II.

De Barante (1) et, après lui, Henri Martin (2) ont recherché en s'appuyant sur le témoignage des chroniqueurs contemporains, Philippe de Comines, Olivier de la Marche et Duclerc, les causes de la prise d'armes connue sous le nom de Ligue du Bien Public, et ont raconté les événements qui en furent les conséquences. Il nous paraît donc inutile de refaire leur récit, n'ayant pas rencontré de documents inédits pouvant le modifier au point de vue de l'histoire générale et politique. Mais il n'en est pas de même sous le rapport des faits militaires et surtout de la campagne de l'armée bourguignonne commandée par le comte de Charolais, car les pièces comptables de la Recette de l'Artillerie nous fournissent à cet égard quelques renseignements assez intéressants pour être particulièrement signalés.

On sait que dans le cours de l'année 1464, la rupture avait éclaté entre le roi Louis XI et le duc de Bourgogne Philippe le Bon. Ce dernier, affaibli par la vieillesse et la maladie, effrayé d'une prétendue tentative d'enlèvement dont son fils, le comte de Charolais, aurait failli être victime en Hollande, de la part du bâtard de Rubempré, agent du roi de France, avait pris définitivement le parti de son fils et chassé de sa cour les Croy, représentants de l'influence française. Le comte de Charolais était entré en alliance avec le duc de Bretagne, les princes du sang et les grands feudataires, le duc de Bourbon, les comtes d'Alençon

---

(1) Histoire des ducs de Bourgogne. Tome V, page 287 et suiv.
(2) Histoire de France. Tome VI. p. 556 et suiv.

et de Dunois. Le duc de Berry, frère du roi, s'était même mis à la tête de ces mécontents du gouvernement de Louis XI qui, prétendaient-ils, ne tenait pas assez compte de leurs privilèges. Cependant, ils n'osaient pas mettre en avant ce motif purement personnel, quoique le seul véritable de leur opposition. Ils prirent pour prétexte de leur révolte « le bien de la chose publique et le soulagement du pauvre peuple ». Telles furent les paroles dont se servit Charles, duc de Berri, quand, échappant à la surveillance du Roi, son frère, il s'enfuit auprès des conjurés réunis à Nantes, et lança une sorte de manifeste pour annoncer qu'il allait « tenir les champs », c'est-à-dire entrer en campagne. Il réclama en même temps l'aide de son beau-frère, le comte de Charolais (mars 1465).

Celui-ci n'avait pas attendu cet appel pour faire ses préparatifs militaires. Malgré les efforts des ambassadeurs de Louis XI, le duc Philippe le Bon, entraîné par les conseils de son neveu le duc Jean de Bourbon pour qui il ressentait une affection toute particulière, avait accédé à la Ligue. Comme le fait remarquer le perspicace Comines, « le bon duc Philippe consentit que on mist sus des gens (levât une armée) » ; mais le nœud de cette affaire ne lui fut jamais découvert et tout en donnant les ordres nécessaires pour les préparatifs de la guerre, il ne s'attendait point à ce que les choses vinssent jusqu'à des hostilités déclarées. Cependant, on se mit aussitôt à réunir des troupes. Le comte de St-Pol, plus tard connétable de France, vint trouver le comte de Charolais à Cambrai où il était avec le vieux duc, son père. Il y fut rejoint par le maréchal de Bourgogne, Thiébaut de Neufchâtel. Il se tint à l'évêché de Cambrai un grand conseil de guerre dans lequel tous les membres de la maison de Croy, furent déclarés ennemis du comte de Charolais et de son père, quoique cette décision fût, au fond, contraire aux sentiments intimes de ce dernier. Le véritable motif politique pouvant légitimer cette animosité, c'est qu'on accusait les Croy d'avoir amené le Duc à consentir à la restitution des villes de la Somme et de la Picardie à Louis XI, moyennant 400.000 écus d'or, rachat stipulé, d'ailleurs, dans le traité d'Arras et contre lequel par conséquent, il n'était pas, en bonne justice, convenable de s'élever.

Mais, dit Comines, le comte de Charolais finit par se mettre d'accord (*radouba*) avec son père le mieux qu'il put et entra aussitôt en campagne (15 mai 1465). D'après cet historien, le comte de St-Pol était « le principal conducteur de ses affaires et le plus grand chef de son armée ». Il pouvait bien avoir sous ses ordres 300 *hommes d'armes* et 4.000 *archers* avec un bon nombre de chevaliers des pays d'Artois, de Hainaut et de Flandre. Le comte de Ravestein, frère du duc de Clèves, et Antoine, grand bâtard de Bourgogne, commandaient chacun à autant d'hommes d'armes et d'archers, ce qui permet d'évaluer le nombre des combattants de l'armée bourguignonne à environ 1.400 hommes d'armes et 12.000 archers. Outre ces trois principaux capitaines, Comines cite encore parmi les chevaliers renommés par leur expérience à la guerre ainsi que par la faveur dont ils jouissaient auprès du comte de Charolais et qui l'accompagnèrent dans cette campagne : le sire de Haubourdin, frère bâtard du comte de St-Pol « nourry ès anciennes guerres de France et d'Angleterre », et le seigneur bourguignon de Contay, tous deux très vaillants et sages chevaliers ayant la principale charge de l'armée, chefs d'état-major, comme nous dirions de nos jours (1). Il a soin de faire remarquer que les 1.400 hommes d'armes étaient maladroits et mal armés, « car longtemps avoient esté ces seigneurs en paix, et depuis le traité d'Arras avoient peu vu de guerre qui eust duré », et à son « advis qu'ils avoient esté en repos plus de trente-six ans (2), saulf quelques

---

(1) Nous donnerons plus loin les noms des principaux chevaliers qui assistèrent à la bataille de Montlhéry, d'après l'état de la distribution des lances délivrées en remplacement de celles qui avaient été brisées.

(2) Comines exagère de six ans, le traité d'Arras ayant été conclu en 1435.

petites guerres contre ceulx de Gand qui n'avoient guères duré ». Cependant il ajoute immédiatement cette phrase qui peut paraître contradictoire avec ce qui précède : « les homme⸗ d'armes estoient très fort bien montez et bien accompaignez, car peu en eussiez-vous veu qui n'eussent cinq ou six grands chevaulx ». Il pouvait bien y avoir 10.000 à 12.000 archers, et quand la *monstre* (revue) fut faite, il y eut plus à en renvoyer qu'à en prendre ; on ne choisit que les meilleurs. A ces 1.400 lances ou 6.000 cavaliers et aux 10.000 archers, il faut ajouter, dit Henri Martin, environ 2.000 crénequiniers (arbalétriers à cheval), coutilliers, coulevriniers, pionniers, piquiers, etc., ce qui portait la force totale de l'armée à 18.000 ou 20.000 hommes. Enfin, d'après Duclercq, elle emmenait avec elle « tant de bombardes, serpentines, crapaudeaux, mortiers et autre artillerie à poudre, que c'étoit merveille ».

Nous allons essayer de déterminer approximativement l'importance de cette grosse artillerie qui partit de Lille, où se trouvait son dépôt général, le 22 mai 1465 et y rentra le 27 janvier 1466. Elle était placée sous le commandement supérieur du grand maître, le sire de Moreul, qui avait remplacé François l'Aragonais, seigneur de Sisy. Le receveur Guillaume Bourgois nous a laissé un compte des armes diverses et des munitions brisées, perdues ou dépensées pendant cette campagne (1) ; mais il ne nous donne pas un dénombrement général de cette grosse artillerie au moment de son départ. Heureusement cette lacune peut être en partie comblée par l'inventaire de l'artillerie du duc de Bourgogne déposée dans ses châteaux de Lille et au palais de la Salle, dressé les 16, 17 et 18 octobre 1458, en présence de François l'Aragonais, seigneur de Sisy, et de deux autres commis. Il est probable, en raison surtout de la paix qui régna dans cet intervalle de sept ans, qu'il ne

---

(1) Archives du Nord. B. 3516.

dut pas y avoir un mouvement considérable d'entrée et de
sortie parmi les pièces composant la grosse artillerie déposée
dans les châteaux de Lille entre 1458 et 1465 et qu'elle était
sensiblement la même à la seconde de ces dates qu'à la
première. Il se trouvait donc, d'après cet inventaire, au
château de Courtrai, à Lille : 1° une grosse bombarde de
fer, composée de deux pièces dont la chambre ou culasse
mobile était aussi de fer ; elle était appelée *Bourgogne* et
lançait des pierres de 32 à 33 pouces de diamètre ; 2° une
autre bombarde de fer plus petite, aussi en deux pièces,
appelée *Flandre*, lançant des pierres de 21 pouces de
diamètre ; 3° une grosse bombarde de *fondue* (probablement
bronze), composée de trois pièces s'emboîtant et réunies au
moyen de vis, faite en 1457 ou 1458 en l'hôtel de Leuwe en
Brabant, par Jacquemin de l'Épine, fondeur de bombardes,
pesant environ 32.000 à 34.000 livres et lançant des pierres
de 17 pouces de diamètre ; on avait adapté à sa culasse une
plaque de plomb pesant 1.300 livres pour pouvoir la tirer
plus sûrement et éviter le recul ; — en l'hôtel de la Salle
se trouvaient : 1° une bombarde de fer, d'une seule pièce,
appelée *Artois*, venant de St-Omer et lançant des pierres
de 16 pouces de diamètre ; 2° une autre bombarde de fer,
aussi d'une seule pièce, appelée *le Berger*, lançant des
pierres de 13 pouces de diamètre ; 3° une bombarde de fer
du même genre et du même calibre, appelée *Mons* ;
4° une bombarde du même genre et du même calibre
appelée *Ath* ; 5° une autre bombarde de bronze, en deux
pièces, dont la culasse est aussi en bronze, appelée *la
Bergère*, lançant des pierres de 13 pouces de diamètre.
Total : 8 bombardes. — Mortiers (1) : 6 grands mortiers de
fer, achetés dernièrement au fondeur Lambillon, lançant
des pierres de 12 pouces de diamètre et pourvus de leurs
affûts ; 2 autres mortiers pourvus de leurs affûts, lançant

_____

(1) Les mortiers, comme les bombardes, étaient des pièces d'artillerie très-
courtes, lançant des pierres comme elles, mais d'un calibre moindre.

des pierres de 10 pouces de diamètre ; 2 mortiers de fer fondu, donnés au duc de Bourgogne par le duc de Clèves, pourvus de leurs affûts à la façon du pays de Clèves et lançant des pierres du calibre de 12 pouces. Total : 10 mortiers. — Serpentines (1) : à l'hôtel de la Salle : 2 serpentines de bronze, achetées au duc de Clèves, pesant ensemble environ 5.000 livres de cuivre, pourvues de leurs chariots et affûts de bois tout neufs et garnis de grosses chevilles de fer, lançant des *plommets* (boulets de plomb), de 2 pouces de diamètre ; 1 autre serpentine, plus petite, aussi en bronze, enchâssée sur un chevalet de bois, lançant des *plommets* d'une livre et demie et se chargeant avec deux livres de poudre ; 1 autre grosse serpentine de fer, d'une seule pièce, fermant à clef sur le devant, lançant des *plommets* de 32 livres, achetée à Lambillon ; 1 autre serpentine à culasse mobile (*à chambre*), lançant des *plommets* de 13 livres ; 1 autre serpentine du même genre lançant des *plommets* de 9 livres ; 2 autres serpentines du même calibre, l'une ayant deux culasses mobiles et l'autre une seulement, lançant des *plommets* de 12 livres ; 2 autres serpentines aussi du même calibre, enchâssées sur des chevalets de bois au moyen de grosses bandes et de crampons de fer, chacune avec sa culasse mobile, lançant des *plommets* de 10 livres ; 1 autre serpentine, enchâssée de même, ayant deux culasses mobiles et lançant des *plommets* de 9 livres ; 7 autres serpentines du même genre, mais plus petites. Total : 17 serpentines de bronze ou de fer. — Ribaudequins (2) : 72 chariots portant 194 ribau-

---

(1) Pièce d'artillerie assez longue, dont la volée était vissée avec la culasse, et tirant horizontalement.

(2) Le ribaudequin était primitivement une machine de guerre assez semblable à la baliste des anciens, et lançant des pierres ou des traits ; mais ce mot désigna plus tard et désigne ici une petite pièce d'artillerie lançant des pierres ou des boulets de plomb d'une livre et demie à deux livres : elle était montée avec deux autres canons semblables sur des charrettes garnies de fer, appelées *ribaudeaux*.

dequins formés chacun de deux canons de fer ou de bronze accouplés, chaque volée garnie de deux culasses, lesdits chariots pourvus de coffres ou de caissons fermant à loquet pour renfermer les pierres, projectiles et ustensiles nécessaires, avec 33 culasses de rechange et une queue et 2 poinçons de chaînes de fer pour fermer lesdits *ribaudeaux*. — *Perdriseaux* ou Orgues (1) : 14 pièces de *bâtons* (canons), appelés *perdriseaux* ou orgues, en bronze, dont huit lancent chacune 12 *plommets*, semblables à ceux des coulevrines, et les six autres pièces, chacune 5 *plommets* de même sorte. — Coulevrines (2) : 2 grosses coulevrines de bronze, montées sur chevalet ou pivot de bois ; 4 coulevrines moyennes, aussi en bronze et montées sur chevalet avec 2 culasses de bois ; 100 autres coulevrines de bronze, aussi avec manches de bois, ayant clef comme arbalète, c'est-à-dire dont la culasse se fermait avec une clef, accompagnées de 99 *torcays* (carquois), pourvu chacun d'un *bluchotois* (petite mesure) en fer blanc pour doser la charge de poudre, d'un moule en pierre blanche pour fondre les *plommets* et d'une *estampe* de fer (chargeoir) pour mettre la poudre ; toutes ces coulevrines étaient de fabrication récente et à la devise ducale ; 2 grosses coulevrines de fer ; 5 autres moyennes, munies de leurs chevalets ; 68 coulevrines de fer peintes en rouge, plus petites et à manche de bois ; 10 autres coulevrines de fer, limées et brunies, à manche de bois ; 9 broches de fer à *estamper* (charger) la poudre dans les coulevrines avec 68 petits entonnoirs de fer

(1) Le mot *perdriau* a désigné au XVIIe siècle un petit mortier lançant des grenades ; mais dans le cas particulier, comme il est synonyme d'orgue, il s'agit, selon Littré, d'une machine composée de plusieurs canons de faible calibre, attachés ensemble comme des tuyaux d'orgue et dont on se servait surtout pour la défense des brèches des villes assiégées. La célèbre machine de Fieschi avait beaucoup de ressemblance à cet engin qui peut être considéré comme une mitrailleuse rudimentaire.

(2) La coulevrine était plus petite que la serpentine, deux hommes suffisaient pour la manœuvrer.

blanc pour y mettre la poudre. Total : 190 coulevrines, tant grosses que moyennes et petites.

Ainsi, lors de son entrée en campagne, l'artillerie de l'armée du comte de Charolais comprenait 8 bombardes, 10 mortiers, appelés aussi veuglaires lorsqu'ils étaient d'un fort calibre, 17 serpentines, 194 ribaudequins montés sur 72 chariots, 14 *perdriseaux* ou orgues, 190 coulevrines de toutes dimensions, soit 433 bouches à feu, si l'on compte comme telles les coulevrines qui doivent être considérées plutôt comme des armes à feu portatives, des arquebuses primitives. On comprend toutefois que par son importance, cette artillerie ait émerveillé les contemporains qui n'étaient pas habitués à en voir une aussi nombreuse à la suite des armées.

Ses troupes ayant été réunies rapidement (*tout en ung instant*, dit Comines) à Arras, le comte de Charolais quitta cette ville le 20 mai 1465 (1), avec toute son armée dont les combattants étaient tous à cheval « sauf ceulx qui conduisoient son artillerie qui estoit belle et grande, selon le temps de lors, et fort grand nombre de charroy » (Comines). Le comte de Nevers et le maréchal Rouault, chargés de défendre la Picardie au nom du Roi, n'ayant pas les forces suffisantes pour arrêter la marche de l'ennemi, s'enfermèrent dans Péronne. Le comte de Charolais, sans s'arrêter devant cette place, se dirigea sur Noyon et s'empara en peu de jours « d'ung petit castel où il y avoit des gens de guerre, appelé Nesle » (Comines). Roye, Montdidier et Bray lui ouvrirent leurs portes et il passa la Somme sans difficulté. Alors le maréchal Rouault craignant d'être cerné et pris dans Péronne, se retira sur Noyon où il pénétra contre le gré des habitants qui redoutaient sans doute les représailles du Comte. Suivant toujours sa route sur la droite des Bourguignons, sans jamais rien tenter contre eux cependant, il

---

(1) Hist. des ducs de Bourgogne, de Barante. Tome V, p. 292.

entra à Paris au moment où ceux-ci arrivaient à St-Denis, le 30 juin 1465 (1).

De son côté, le comte de Charolais s'était avancé « tout au long du chemin, ne faisant nulle guerre, et ne prenoient rien ses gens sans payer, aussi les villes de la rivière de Somme et toutes autres laissoient entrer ses gens en petit nombre et leur bailloient ce qu'ilz vouloient pour leur argent, et sembloit bien qu'ilz escoutassent qui seroit le plus fort ou le Roi ou les Seigneurs » (Comines).

Cependant le Comte n'arriva pas à St-Denis, sans coup férir, comme le laisse entendre Comines. Le compte de l'artillerie dépensée pendant la campagne nous apprend, en effet, que les 21, 22, 23 et 24 juin, il assiégea le château-fort de Beaulieu, situé non loin de Compiègne et dans lequel Jeanne d'Arc avait été enfermée immédiatement après avoir été faite prisonnière. On dut, comme nous le verrons en détail plus loin, faire jouer contre cette petite place les bombardes, gros veuglaires, mortiers et serpentines afin de s'en emparer rapidement.

Grâce à la trahison du capitaine chargé de les défendre, les ponts de l'Oise à St-Maxence furent franchis sans peine et le Comte put entrer le 5 juillet à St-Denis. Là, pendant que ses hommes d'armes couraient tout le pays sis entre la Seine et la Marne, il espérait qu'au moyen des intelligences secrètes qu'il s'était ménagées, les portes de Paris s'ouvriraient bientôt devant lui. Mais, déçu de ce côté, il comprit qu'il lui fallait se porter en avant pour opérer sa jonction avec les troupes de ses alliés commandées par le duc de Bretagne et qui s'avançaient par la Beauce et le pays Chartrain, afin de s'interposer entre Paris et l'armée royale. Celle-ci arrivant à marches forcées du Berry et du Bourbonnais, avait pour objectif d'entrer sans combat dans Paris afin d'empêcher la capitale de tomber aux mains des Bourguignons.

___

(1) Hist. des ducs de Bourgogne, de Barante. Tome V, p. 292.

D'après les ordres du comte de Charolais, le comte de St-Pol s'empara le 10 juillet du pont de St-Cloud. Le Comte avec la plus grande partie de l'armée bourguignone, traversa la Seine sur ce pont le 13 juillet pour venir camper à Issy. Le surlendemain, il s'avança jusqu'à Longjumeau et à Montlhéry où son avant-garde commandée par le comte de St-Pol arriva le 15 au soir. Ce fut ce soir là que les éclaireurs du comte de Charolais signalèrent la présence des troupes royales à Châtres près d'Arpajon. Aussitôt ce prince se disposa à livrer bataille entre Longjumeau et Montlhéry, en avant de son camp. Louis XI, de son côté, fit dès le lendemain, 16 juillet au matin, occuper par ses avant-postes le château de Montlhéry, vieille forteresse féodale pouvant offrir un centre de résistance sérieuse, ainsi que la colline dont il couronnait le sommet. L'avant-garde bourguignonne logée dans le bourg de Montlhéry ou campée sur la pente de la colline se trouva alors en mauvaise situation. Elle se replia dans la plaine pour s'arrêter derrière un large fossé qui la couvrait contre une attaque subite. Cependant, au lieu de venir rejoindre le gros de l'armée à Longjumeau, comme il en avait reçu l'ordre, le comte de St-Pol prévint, au contraire, le comte de Charolais, alors à deux lieues en arrière et à l'endroit fixé pour livrer bataille, qu'il ne reculerait pas davantage, « luy requérant qu'il luy veinst secourir à toute diligence ; car jà s'estoient mis à pied, hommes d'armes et archiers, et cloz de son charroy », selon l'usage militaire de l'époque où l'on employait les parcs de chariots comme fortifications volantes pour rompre le choc de la cavalerie (Comines).

Le comte de Charolais n'hésita pas à accourir à son secours. Mais on ne comprend pas comment le roi de France ne fit pas, en attendant, attaquer vigoureusement le comte de St-Pol qui, malgré ses retranchements improvisés, n'aurait pu tenir longtemps devant des forces supérieures et aurait été probablement taillé en pièces avant l'arrivée du gros de l'armée bourguignonne. Les troupes royales comptaient, en effet, « vingt et deux cens hommes d'armes des ordonnances du royaulme et l'arrière ban du Dauphiné avec quarante ou cinquante gentils-hommes de Savoie », soit environ 14.000 à 15.000 combattants. Mais, croyant sans doute l'armée ennemie beaucoup plus forte, Louis XI cherchait à reculer tout engagement définitif avant de savoir si les 200 lances qu'il avait ordonné au maréchal Rouault de faire sortir de Paris pour attaquer les Bourguignons par derrière, avaient bien exécuté ce mouvement et si elles allaient arriver. Il était donc fort inquiet de ne rien voir paraître, car malgré de nouvelles et puissantes réclamations pour que « la commune tôt allàt au secours du Roi », personne ne bougea à Paris. Le maréchal Rouault finit cependant par partir avec 500 chevaux, mais il devait arriver trop tard pour pouvoir prendre part à la bataille.

Le comte de St-Pol, retranché derrière son fossé et ses chariots, put donc résister facilement à l'attaque assez molle de l'avant-garde française commandée par le sire de Brézé, et attendre sans trop d'encombre l'arrivée du comte de Charolais. Celui-ci, dit Comines, rencontra le comte de St-Pol ayant mis pied à terre et tous les arrivants se mettaient à la file comme ils venaient. « Nous trouvâmes, ajoute le chroniqueur qui assista au combat, tous les archers *déhoussez*, c'est-à-dire à pied, ayant des pieux devant eux ; il y avoit là plusieurs pipes de vin défoncées pour les faire boire, car il faisoit une très forte chaleur avec une grande poussière ». Jamais on ne vit soldats ayant meilleure volonté de combattre, ce qui était de bon augure. Il avait été d'abord décidé que tout le monde se mettrait à pied pour combattre ; mais on changea d'avis et presque tous les hommes d'armes remontèrent à cheval. Cependant plusieurs bons chevaliers et écuyers se décidèrent à rester à pied, entre autres le sire de Cordes et Philippe de Lalaing. On considérait alors comme un honneur dans l'armée bourguignonne de descendre de cheval pour se ranger au milieu des archers afin de leur donner plus d'assurance et plus de cœur au combat. Cette mode venait des Anglais et les Bourguignons, leurs alliés, l'avaient adoptée pendant qu'ils faisaient ensemble campagne contre la France.

Pendant que les chevaliers et les hommes d'armes du comte de Charolais perdaient ainsi leur temps à mettre pied à terre, puis à remonter à cheval, les troupes françaises finirent par s'ébranler, malgré l'indécision de Louis XI. Débouchant de la forêt de Torfou, elles vinrent renforcer l'avant-garde du sire de Brézé qui fut tué dès cette première escarmouche. Du côté des Bourguignons, Philippe de Lalaing succomba sans avoir pu revêtir complétement ses armes. Les deux armées en vinrent alors sérieusement aux mains. L'aile gauche de la gendarmerie française, opposée au comte de Charolais, voulut, dit Henri Martin (1), franchir le fossé qui la séparait de l'ennemi : les flèches des archers picards et wallons la repoussèrent, et le Comte tournant le fossé, fondit sur ce corps qui se battit fort mollement, le culbuta malgré la supériorité des armes et de la discipline et s'élança avec tant de fougue à la poursuite que, non-seulement ses archers, mais la plupart de ses gens d'armes, ne purent le suivre. Il perça avec une poignée d'hommes jusqu'à l'arrière-garde française que commandait le comte du Maine. Soit trahison soit terreur panique, car le bruit se répandit en cet instant que le Roi était tué, le comte du Maine, l'amiral de Montauban et toute l'arrière garde, sept à huit cents lances, prirent la fuite devant une centaine de cavaliers et ne tournèrent plus la tête. Charles poursuivit les fuyards plus d'une demi-lieue au-delà de Montlhéry ; il était presque seul lorsque deux de ses chevaliers le décidèrent enfin à revenir vers ses gens. Il fut obligé de se frayer un chemin à travers des groupes de Français qui l'attaquèrent furieusement ; il reçut un coup d'épée dans la gorge et un coup de vouge, sorte de hallebarde, à la poitrine et perdit sa bannière,

---

(1) Hist. de France. Tome VI, p. 561.

l'écuyer qui la portait ayant été tué à ses côtés. Il ne dut la vie qu'à la vigueur et au courage d'un de ses hommes d'armes, fils d'un médecin de Paris.

Le champ de bataille offrait à ce moment le plus étrange aspect, car l'aile gauche bourguignonne avait eu à peu près le même sort que l'aile gauche française. La jeune noblesse qui la composait, présomptueuse et ignorante, avait passé sur le ventre à ses propres archers pour se ruer au-devant des gens d'armes dauphinois et savoyards qui s'avançaient contre elle ; mais elle fut renversée et mise en déroute par ceux-ci, et elle s'enfuit « à bride avalée », entraînant avec elle le comte de St-Pol et le gros de l'arrière-garde ; St-Pol n'était peut-être pas plus ferme pour le comte de Charolais que le comte du Maine pour le Roi. Les Dauphinois taillèrent en pièces les archers ennemis, abandonnés de leurs gens d'armes, poussèrent jusqu'aux bagages et les pillèrent malgré la résistance des conducteurs du charroi qui, plus fermes à leur poste que la chevalerie, se défendirent bravement à coups de maillets de plomb. Par suite de cette double « déconfiture », la bataille s'était fractionnée en cent escarmouches, et les combattants, sans parler des nombreux fuyards qui ne reparurent plus, étaient tellement éparpillés, qu'on ne voyait pas deux cents hommes ensemble. Le Roi après s'être vaillamment comporté et s'être montré tête nue à ses gens pour prouver qu'il n'était pas mort, se retira au château de Montlhéry afin de se rafraîchir et de regarder du haut de la tour ce que devenaient ses gens ; mais ni lui, ni le comte de Charolais ne purent rallier avant la nuit assez de monde pour recommencer le combat (1).

Cependant Louis XI quitta pendant la nuit Montlhéry avec ses troupes pour se porter sur Corbeil et de là marcher sur Paris où par une manœuvre habile il entra sans coup férir. Le but stratégique qu'il poursuivait était atteint et en

---

(1) **Henri Martin**, *loc. cit.*

fait il pouvait se considérer comme victorieux puisque le comte de Charolais n'avait pu lui barrer la route de sa capitale. Mais celui-ci ne voyant plus d'ennemis devant lui le lendemain matin et étant demeuré en définitive maître du champ de bataille, s'attribua la victoire quoiqu'elle fût restée si indécise que pendant que l'aile gauche française était mise en si complète déroute qu'un *homme d'état*, dit Comines, s'enfuit jusqu'à Lusignan en Poitou, l'aile gauche bourguignonne éprouvait le même sort et un autre *homme de bien* se sauvait jusqu'au Quesnoy en Hainaut.

Comines, témoin oculaire de la bataille, estime à 2000 le nombre des hommes tués dans les deux armées. Du côté des Bourguignons, il périt plus d'archers et de menues gens et du côté du Roi plus de gens à cheval, ce qui permet d'évaluer la perte du comte de Charolais à 1200 hommes et celle des troupes françaises à 800. Ces dernières firent, d'ailleurs, un plus grand nombre de prisonniers. Quant au chiffre des blessés, Comines n'en parle pas, mais on peut l'estimer à environ le double de celui des tués. Aujourd'hui la proportion serait beaucoup plus forte et 2000 morts correspondraient à au moins six à sept mille blessés, car les blessures produites par les armes blanches qui, en somme, jouèrent encore le rôle le plus important dans cette bataille, sont généralement mortelles et, en tous cas, beaucoup plus dangereuses que celles provenant des armes à feu. Les pertes plus considérables de l'armée bourguignonne s'explique par ce fait que la plupart des archers et des piétons combattirent sans cuirasses.

Quoi qu'il en soit, cette bataille fut la seule importante de la campagne. Le comte de Charolais, après avoir fait sa jonction avec l'armée du duc de Bretagne, vint repasser la Seine à Moret et camper à Charenton, menaçant Paris. Mais il n'y eut là que des escarmouches sans conséquence entre ses troupes et celles du Roi. Bientôt des négociations furent entamées. Elles aboutirent d'abord à une trêve conclue le 1er octobre, puis au traité de Conflans. Le Comte avait hâte

de retourner dans les Pays-Bas pour mettre fin à la révolte
des Liégeois. Ceux-ci devant l'importance des forces amenées
contre eux et ne se sentant plus soutenus par le roi de
France, finirent par écouter les gens sages et de bon conseil
qui les engageaient à se soumettre. Aussi après avoir campé
pendant quinze jours à St-Tron au mois de janvier 1466, le
comte de Charolais parvint à leur faire accepter un traité
par lequel ils promirent de payer 6.000 riders d'or pour les
frais de la guerre, et reconnurent le duc Philippe, en sa
qualité de duc de Brabant, comme leur mainbourg et gou-
verneur perpétuel.

III.

Il nous reste maintenant à faire connaître la quantité
d'armes et de munitions pour la grosse et la menue artillerie,
employées dans cette campagne depuis le départ de l'artillerie de Lille, sous la conduite du grand maître, le sire de
Moreul, le 22 mai 1465, jusqu'au 27 janvier 1466, jour où
elle fut embarquée à Louvain pour être ramenée à Lille.

La dépense de poudre à canon s'éleva à 46 caques de
poudre, plus une caque de salpêtre et une demi-caque de
soufre, employées de la manière suivante: une caque délivrée
lors du départ de l'artillerie à Arras le 29 mai 1465, parce
que l'on avait été averti que certains *malveillans* avaient fait
espionner pour connaître ledit départ afin de porter dommage
à ladite artillerie s'ils le pouvaient; le sire de Moreul ordonna
de délivrer à chaque canonnier et coulevrinier un sac de
poudre; une autre caque fut remise au comte de St-Pol
lorsqu'il était à Athies-lez-Péronne, le 2 juin 1465, avec l'artillerie nécessaire pour la garde de cette ville; 16 caques et
demie de poudre dépensées durant le siège tenu par le comte
de Charolais devant le château de Beaulieu, les 21, 22, 23 et
24 juin 1465, tant pour les bombardes et gros veuglaires
comme pour les mortiers et serpentines mis en batterie

devant cette place ; plus une caque de salpêtre et une demi-
caque de soufre employées pendant ce siège pour faire huit
grosses pierres de feu, sortes de globes de compression ou de
fougasses, fabriquées par maitre Hans le Canonnier, « lesquelles ne firent riens, mais furent depuis perdues » ; une
demi-caque remise à Maillart de le Lentille, écuyer, le
6 juillet, pour la garde des ponts à Pont-Ste-Maxence, garde
à laquelle il était préposé ; une caque délivrée le 9 juillet
au comte de St-Pol, « pour s'en aidier devant le pont de
St-Cloud, là où monseigneur de Charrolais l'envoïa lors
pour assaillir ledit pont au lez de la rivière de Sayne où
mondit seigneur avoit intencion de la faire assaillir de
l'autre costé » ; une caque remise le 14 juillet à Oste de le
Motte, préposé à la garde du pont de St-Cloud ; 5 caques
dépensées le 16 juillet, jour « où mondit seigneur de Charrolois ot la bataille à l'encontre du roy de France et de sa
puissance, en get de serpentines et de ribaudequins » ; une
caque dépensée les mercredi 17 et jeudi 18 juillet pour le
tir des serpentines et autres engins contre les troupes de la
garnison de Montlhéry ; une caque dépensée le 27 juillet
quand les ducs de Berry et de Bretagne étant à Étampes,
vinrent visiter l'artillerie du comte de Charolais qui ordonna
de la faire mettre toute en *parcq* (en batterie) et de faire
tirer trois fois chaque pièce ; 3 caques dépensées le 5 août
par l'artillerie lorsqu'elle tira sur les gens du Roy qui ten-
taient de s'opposer au passage de l'armée bourguignonne sur
le pont que le comte de Charolais avait fait établir pour
passer la Seine à Moret ; une caque dépensée le 14 août
lors de la prise du pont de Charenton ; 11 caques employées
depuis le 20 août, jour où le Comte vint loger en son hôtel
de Conflans-lez-Paris, avec son armée campée à l'entour,
jusqu'au 31 octobre suivant quand il partit pour retourner à
Liège, après le traité conclu avec le roi de France, ladite
poudre dépensée aux escarmouches qui eurent lieu de côté
et d'autre pendant ledit temps, soit 70 jours ; 3 caques
dépensées depuis le 1er novembre, jour où le Comte partit

de Conflans, jusqu'au 27 janvier 1466, date du licenciement de l'armée.

Les bombardes, veuglaires, mortiers et ribaudequins lancèrent pendant la campagne, 1359 pierres de différents calibres dont la dépense se répartit ainsi : 23 pierres de 13 pouces *à la croisée*, lancées les 21, 22 et 23 juin 1465 au siège du château de Beaulieu par la bombarde appelée la *Bergère* ; 14 pierres du même calibre pour une autre bombarde ; 12 pierres de 12 pouces pour 2 mortiers de fer ; 42 pierres pour trois veuglaires ; 26 pierres, perdues par les charretiers pendant la route ; 32 pierres de 9 pouces, dépensées tant au pont de Conflans lorsque le Comte s'y trouvait « à tirer ung canon de cuivre nommé *courtault* qui fut gaigné sur le Roy à la bataille de Montlehéry » ; 12 pierres de 2 pouces dépensées depuis le 22 mai 1465 jusqu'au 27 janvier 1466, par les ribaudequins à plusieurs reprises en diverses circonstances.

Dépense de plomb en petits boulets appelés *plommets*, lancés par les serpentines = 8.170 livres, ainsi réparties : 60 livres au comte de St-Pol pour l'approvisionnement de la ville d'Athies ; 1.800 livres dépensées au siège du château de Beaulieu ; 150 livres à Maillart de Le Lentille, commis à la garde des ponts Ste-Maxence, « pour servir à deux serpentines de métal qui lui furent délivrées avec six coulevrines pour la défense dudit lieu, en nature de plombets et ploncq en masse » ; 70 livres à Oste de Le Motte, pour la garde du pont de St-Cloud ; 1.500 livres dépensées à la bataille de Montlhéry, le 16 juillet 1465 ; 100 livres dépensées les 17 et 18 juillet aux escarmouches qui eurent lieu devant la place de Montlhéry ; 250 livres dépensées à Étampes lors de la visite des ducs de Berry et de Bretagne, pour les exercices de tir ; 600 livres dépensées au pont que le comte de Charolais fit établir sur la Seine à Moret quand les gens du Roi se présentèrent pour disputer le passage et furent repoussés par le feu des serpentines ; 140 livres dépensées « devant le pont de Charenton et lors de la prise dudit pont, en faisant tirer lesdites serpentines à l'encontre des gens du Roy estans illecq, lesquels habandonnèrent en peu d'heures icellui pont et s'en furent » ; 2.800 livres dépensées depuis l'arrivée du Comte au château de Conflans au mois d'août jusqu'au 29 octobre suivant « tant aux escarmouches, qui, durant le temps de la guerre, se firent d'un parti et d'autre, et meismement durant les jours que les gens du Roy firent leurs tranchys (tranchées) au lez de ladite rivière de Sayne, à l'endroit de l'ostel de mondit seigneur de Charrolois, comme autrement en plusieurs manières » ; 700 livres dépensées depuis le départ de Conflans, le 29 octobre, jusqu'au licenciement de l'armée le 27 janvier 1466.

Distribution de fûts et de fers de lance en remplacement de ceux brisés ou perdus pendant la campagne = 532 fûts et 150 fers de lance, ainsi répartis : 8 fûts de lance délivrés aux hommes d'armes de la compagnie du comte de St-Pol, le 2 juin ; 4 fûts au bâtard de Bourgogne, le 12 juin ; 6 fûts à Mᵍʳ de Ravestein le même jour ; 1 fût et 1 fer à Robinet de Merlessart, le 13 juin ; 1 fût à Veaul de Bousenten, hommes d'armes de la compagnie de Mᵍʳ d'Aymeries, le même jour ; 5 fûts à Henri Kenobot, écuyer, Antoine de Poix, écuyer, tous les deux hommes d'armes de la compagnie du sire de Moreul, Jehannot Postel et Jean de Boscrept, ledit jour ; 100 fûts de lance en bois de tilleul envoyés par le receveur de l'artillerie à l'armée pendant qu'elle était à St-Denis et qui furent enlevés par la garnison française de Senlis au marchand qui les amenait ; 20 fûts aux hommes d'armes de la compagnie du comte de St-Pol lorsqu'ils furent envoyés au pont de St-Cloud ; 76 fûts et 76 fers délivrés à plusieurs hommes d'armes le 16 juillet « à la bataille que mondit seigneur eut ce jour contre le Roy et sa puissance » ; 25 fûts au comte de St-Pol, le 25 juillet à Étampes « pour délivrer à aucuns hommes d'armes de sa compagnie, lesquels avoient rompu leurs lances à la bataille de Mont-le-Héry » ; 25 fûts aux hommes d'armes de la compagnie du bâtard de Bourgogne, pour le même motif ; 26 fûts à ceux de la com-

pagnie du sire de Ravestein, idem ; 1 'fût à Eurard Barton, id.,
1 fût à Jacques d'Orsans, écuyer, idem ; 3 fûts aux hommes
d'armes de la compagnie de monseigneur Jacques de Bourbon, idem ; 1 fût à Jacquemin de Luxy, idem ; 1 fût à monseigneur de Poucques, le 2 août ; à Jacques Dumas, écuyer,
homme d'armes sous Mgr de Charolais, Charles de Visan,
écuyer, Girard de Rochebaron, Jean de Sorel, à quatre
hommes d'armes de la compagnie de Mgr de Brienne, à
monseigneur de Manniez, à Henri de Wargny, Charles de
Cervolles, Robert de Namur, Josse de Warsenare, Jean
Preudomme, écuyer, Jean Le Tourneur-le-jeune, Maillotin
du Bacq, à chacun 1 fût de lance ; 64 fûts et 64 fers à messeigneurs de *Couche et de Halbourdin* (de Coucques et de
Haubourdin), envoyés par le comte de Charolais au-devant
de l'argent et de l'artillerie que le duc de Bourgogne lui
faisait parvenir, et pris par eux pour leurs hommes
d'armes sur les 200 fûts de lance compris dans cette
artillerie ; 200 fûts délivrés aux hommes de la compagnie
du comte de St-Pol, le 14 octobre ; 12 fûts à ceux du
bâtard de Bourgogne, le même jour ; 12 fûts à ceux du sire
de Ravestein, idem ; 4 fûts à ceux du sire de Marle ; 12 fûts
à ceux du maréchal de Bourgogne ; 8 fûts à ceux de Claude
et de Tristan de Toulongeon ; 10 fûts à ceux de monseigneur
d'Argeul et de monseigneur de Montaigu ; 6 fûts à ceux du
marquis de Rothelin ; 6 fûts à ceux de Jacques de Luxembourg ; 4 fûts à ceux de monseigneur de Fiennes ; 2 fûts à
ceux de monseigneur de Brudgam ; 3 fûts à ceux de monseigneur de Moreul ; 4 fûts à ceux de monseigneur Jacques
de Bourbon ; 1 fût à Antoine Le Breton ; 1 fût à Philippe de
Houplines ; 6 fûts à six hommes d'armes d'Antoine de
Rosimbos ; 4 fûts à ceux de monseigneur de Roussy ; 1 fût
à Léonel d'Ongnies ; 2 fûts au comte de Vernembourg ;
18 fûts aux hommes d'armes de la compagnie de monseigneur
de Contay (1).

---

(1) Cet état de la distribution des fûts et fers de lance présente un véritable
intérêt historique puisqu'il nous a conservé la liste des chevaliers dont les
hommes d'armes prirent part au combat de Montlhéry.

Distribution de vouges (sorte de pique ou d'épieu muni d'un fer large, à la fois aigu et tranchant) = 288, ainsi réparties : 34 vouges délivrées à Philippe, bâtard de la Viesville, capitaine des archers de corps du comte de Charolais, le 8 juin 1465, pour 34 desdits archers ; 13 aux archers de corps du sire de Ravestein, ledit jour ; 1 à maître Jean, huissier d'armes du sire de Ravestein, à Beaulieu le 22 juin ; 144 à plusieurs hommes d'armes, archers et autres gens de l'armée qui, le 16 juillet, avaient rompu leurs lances à la bataille de Montlhéry ; 2 à monseigneur de Contay, maître d'hôtel du comte de Charolais, le 17 juillet ; 8 délivrées le 20 juillet à huit archers de corps du Comte, qui avaient perdu leurs *bâtons* à la bataille de Montlhéry ; 1 à l'archidiacre d'Avallon, ledit jour ; 2, le 24 juillet, au comte de Vernembourg, pour lui et pour un homme d'armes de sa compagnie ; 1 à monseigneur de Brudgam, ledit jour à Étampes ; 1 à Jacquemin de Luxi, écuyer, idem ; 1 à maître Adam Millon, idem ; 1 à Philippe de Bourbon, le 3 août ; 2 à Charles et à Louis de Visan, ledit jour ; 1 à maître Guillaume Hugonet, maître des requêtes du comte de Charolais, le 12 août ; 1 à maître Jean Carondelet, aussi maître des requêtes dudit Comte, ledit jour ; 1 à Jacques de Montmartin, le 15 septembre ; 3 au bâtard de Bourgogne, pour trois de ses archers de corps, ledit jour ; 1 à Jean de la Viesville, bailli de St-Quentin, le 17 septembre ; 1 à Philippe Bouton, écuyer, ledit jour ; 1 à Jean Le Preudhomme, écuyer, ledit jour ; 1 à Alain, officier de l'épicerie du Comte, ledit jour ; 1 à Antoine, huissier d'armes du Comte, le 20 septembre ; 7 au marquis de Rothelin, pour lui et six gentilshommes de sa compagnie ; 1 à Évrard Bouton ; 1 à Jacques d'Orsans ; 1 à Jacques Pourcelot, trésorier des guerres ; 1 à Guillaume de Bische ; 1 à Pierre Michel ; 2 aux deux valets de pied du comte de Charolais ; 1 à Renaut Brou ; 1 à Jean de Veer ; 1 à monseigneur de Sarcus ; 1 à Tassin, valet de la garde-robe du Comte ; 1 à Trotet, fruitier du Comte ; 1 à Jean Le Tourneur ; 1 à Pierre Lalement, queux du comte de Charo-

lais ; 1 à messire Robert Cotereaul ;'1 à Louis de Soissons ;
1 à Antoine de Poix ; 18 remises le 6 janvier 1466 à messire
Philippe de Crèvecœur pour les 18 archers de corps du
comte de Charolais ; 6 à monseigneur de St-Pol, pour les
archers de son corps ; 6 au bâtard de Bourgogne, idem ; 1 à
Jacques de Lannoy ; 1 à Jacques de Gouy ; 1 à Pierre de
Cressy ; 1 à Gérard Loier, orfèvre du comte de Charolais ;
1 au comte de Vernembourg.

Distribution de piques ferrées. Total de ces piques distribuées : 704, savoir : « le sixième du mois de Juillet oudit
an mil CCCC soixante-cinq, qui fut le jour de la bataille que
mondit seigneur de Charrolois ot encontre le Roy et sa
puissance, laquelle mondit seigneur obtint par la grâce de
Dieu, fut prins par pluiseurs compaignons de ladite armée
sur les chariotz de ladite artillerie pour la deffence de leurs
corps », le nombre de 360 ; 40 au maréchal de Bourgogne,
le 14 octobre 1465, provenant de cellés envoyées par le Duc
au comte de Charolais alors devant Paris ; 12 à Mgr de
Couches ; 20 au marquis de Rothelin ; 20 à monseigneur
d'Arguel ; 4 au bâtard de Bourgogne ; 4 à Claude et
Tristan de Toulougeon , 50 au comte de St-Pol, à Cleyn-
gherme, pays de Liège, le 6 Janvier 1466 ; 12 à monseigneur
d'Arguel, idem ; 12 à monseigneur de Montaigu, idem ;
20 au marquis de Rothelin, idem ; 40 « prins sur le charroy
par aucuns chartons et gens de pied ledit jour, pour ce que
l'en attendoit que les Liégeois deussent venir combattre
mondit seigneur de Charolois ».

Distribution d'arcs à main, de flèches et de cordes d'arc :
4.573 arcs, 6.564 douzaines de flèches et 1.077 douzaines et
demie de cordes d'arcs. On remarque la mention suivante,
relative à la journée de Montlhéry : « item, le sixième
jour dudit mois de Juillet audict an LXV, mondit seigneur
de Charolois, arrivé auprès du Mont-le-Héry, auquel lieu le
Roy et sa puissance estoient en bataille à l'encontre des gens
de mondit seigneur, ordonna que tous les coffres et tonneaux
de son artillerie feussent ouvers, et que tous ceulx de son

armée preissent de ladite artillerie autant que besoing seroit, auquel jour mondit seigneur obtint ladite bataille et demoura victorieux ; et fut ledict Roy et ses gens mis en fuicte, et pour ledict jour a esté deppensé par les archers d'icelle armée dix-huit coffres plains d'arcs, où avoit : dix-huit cens arcs à main ; item, feurent deffoncez cedit jour seize tonneaux de flesches, en chascun desquelz povoit avoir environ deux cens douzaines de flesches qui furent tous despensez ; pour ce icy : trois mil deux cens [XII^{aines} de flesches ; et si fu deffonsé une queue de Beaune et un poinçon plains de cordes d'arcs à main, où povoit avoir, assavoir en la queue cinq cens douzaines et ou poinçon deux cens douzaines de cordes pour ce icy : sept cens douzaines ». On trouve encore les distributions suivantes : au comte de St-Pol, le 14 septembre, pour les archers de sa compagnie devant Conflans : 250 arcs à main, 250 douzaines de flèches, 30 douzaines de cordes ; à monseigneur de Ravestein, le même jour : 160 arcs à main, 160 douzaines de flèches, 14 douzaines de cordes ; au bâtard de Bourgogne, le même jour : 200 arcs à main, 200 douzaines de flèches, 17 douzaines de cordes ; à monseigneur de Marle, le même jour : 20 arcs, 20 douzaines de flèches, 2 douzaines de cordes ; au sire de Couches, le même jour : 10 arcs, 10 douzaines de flèches, 1 douzaine de cordes ; au seigneur de Montaigu, le même jour : 20 arcs à main, 20 douzaines de flèches, 2 douzaines de cordes ; au marquis de Rothelin, le même jour : 10 arcs, 10 douzaines de flèches, 1 douzaine de cordes ; à messire Claude de Toulongeon, ledit jour : 8 arcs, 8 douzaines de flèches, 1 douzaine de cordes ; au sire de Roussy, le même jour : 15 arcs, 15 douzaines de flèches, 1 douzaine de cordes ; à messire Jean de Luxembourg, le même jour : 6 arcs, 6 douzaines de flèches, 1 demi-douzaine de cordes ; au sire de Haubourdin, le même jour : 20 arcs, 20 douzaines de flèches, 2 douzaines de cordes ; à messire Philippe de Crèvecœur, le même jour : 20 arcs, 20 douzaines de flèches, 2 douzaines de cordes ; aux archers de corps du comte de Charolais, ledit jour : 50 arcs, 50 douzaines de flèches, 8 douzaines de cordes ; au sire de Moreul, maître de l'artillerie, pour les archers de corps de sa compagnie : 18 arcs à main, 18 douzaines de flèches, 1 douzaine de cordes ; à Antoine de Rosimbos, ledit jour : 12 arcs à main, 12 douzaines de flèches, 1 douzaine de cordes ; au comte de St-Pol, le 6 janvier 1466, à Cleyngherne au pays de Liège, pour les archers de sa compagnie : 250 arcs, 250 douzaines de flèches, 34 douzaines de cordes ; au seigneur de Ravestein, le même jour : 160 arcs, 16 douzaines de flèches, 26 douzaines de cordes ; au bâtard de Bourgogne, le même jour : 200 arcs, 200 douzaines de flèches, 34 douzaines de cordes ; au sire de Roubaix, ledit jour : 25 arcs, 25 douzaines de flèches, 2 douzaines de cordes ; au seigneur de Marles, le même jour : 80 arcs, 80 douzaines de flèches, 7 douzaines de cordes ; au seigneur de Fiennes, le même jour : 25 arcs, 25 douzaines de flèches, 3 douzaines de cordes ; au seigneur de Roussy, le même jour : 20 arcs, 20 douzaines de flèches, 2 douzaines de cordes ; au maréchal de Bourgogne, le même jour : 46 arcs, 46 douzaines de flèches, 4 douzaines de cordes ; au seigneur de Montaigu, le même jour : 20 arcs, 20 douzaines de flèches, 2 douzaines de cordes ; à Philippe de Crèvecœur, le même jour : 50 arcs à main, 75 douzaines de flèches, 8 douzaines de cordes ; à Jean de Bornonville : 30 arcs à main, 60 douzaines de flèches, 5 douzaines de cordes ; au seigneur de Saveuse, le même jour : 12 arcs, 12 douzaines de flèches, 2 douzaines de cordes ; au seigneur de Miraumont, le même jour : 12 arcs, 12 douzaines de flèches, 2 douzaines de cordes ; 2 coffres pleins d'arcs « délivrés à pluiseurs archers de l'armée le VIe jour de janvier oudit an que lors mondit seigneur (de Charolais) attendoit que ceulx du pays de Liège le deussent venir combattre », soit 200 arcs à main, 225 douzaines de flèches, 20 douzaines de cordes.

Distribution de viretons ferrés ou traits pour les arbalétriers appelés crènequiniers. Total : 1.900 distribués ainsi : au seigneur de Ravestein, le 13 octobre 1465, pour les crène-quiniers de sa compagnie : 300 viretons ferrés ; au maréchal de Bourgogne, ledit jour : 200 ; au marquis de Rothelin, idem : 200 ; au comte de Vernembourg, idem, idem ; au seigneur de Couches, idem, idem ; au seigneur de Ravestein, le 6 janvier 1466, à Cleyngherne au pays de Liège : 300 viretons ferrés ; au maréchal de Bourgogne, le même jour : 300 ; au marquis de Rothelin, le même jour : 200.

Distribution de maillets de plomb. Total : 885, ainsi répartis : au comte de St-Pol, le 2 juin 1465, pour la défense de la ville d'Athies-lez-Péronne : 120 ; à 160 pionniers, à Rosey, pour la défense des chariots transportant l'artillerie : 160 ; le 16 juillet, jour de la bataille de Montlhéry, « fut distribué à plusieurs gens de guerre de l'armée, archers et autres, et mesmement aux charretons d'icelle armée, le nombre de.... (1) ; au maréchal de Bourgogne, le 28 août, 100 maillets de plomb ; au seigneur de Couches, le même jour, 25 ; aux seigneurs d'Arguel et de Montaigu, ledit jour, 30 ; au marquis de Rothelin, le même jour, 30 ; aux seigneurs Claude et Tristan de Toulongeon, le même jour, 20 ; au comte de St-Pol, le 6 janvier 1466, 50 ; au seigneur de Ravestein, le même jour, 50 ; au bâtard de Bourgogne, le même jour, 50 ; au maréchal de Bourgogne, le même jour, 50 ; à plusieurs compagnons tant à Conflans qu'au pays de Liège, 200.

Distribution de pics, hoyaux, cognées, louchets et serpes. Total : 168 pics ; 161 hoyaux ; 180 cognées ; 250 louchets et pelles ferrées, 159 serpes. Ces outils ont été ainsi répartis : au comte de St-Pol à Athies-lès-Péronne, le 2 Juin 1465, 12 pics, 12 hoyaux, 12 cognées, 12 louchets et pelles ferrées, 12 serpes ; — à Jean de la Dourère et Piètrequin Pippe, fourriers de l'hôtel du comte de Charolais, le même jour, pour les délivrer aux gens de l'hôtel dudit Comte, « pour

---

(1) Le chiffre est en blanc dans le manuscrit.

eulx en aidier en cas nécessaires » : 24 pics, 24 hoyaux, 24 cognées, 24 louchets et pelles, 24 serpes ; — idem, pour ce qui « a esté despensé les xx, xxi, xxii, xxiii et xxiiii jours dudit mois de juing, durant lesquelz jours le siège fut mis par mondit seigneur de Charolais devant le chastel de Beaulieu, et qui fût délivré à monseigneur de Moreul, maistre de ladite artillerie, pour faire les approches dudit siège ainsi qu'il est accoustumé, et dont riens n'a esté recouvré ladite place gaignée » : 34 pics, 50 hoyaux, 80 pelles ferrées et louchets, 54 cognées, 32 serpes ; — au maréchal de Bourgogne, le 20 août, pour faire les tranchées autour de son logis près de Conflans : 36 pelles et louchets, 12 pics, 12 hoyaux, 8 cognées, 16 serpes ; à plusieurs seigneurs, chevaliers et écuyers de l'armée, pour faire leurs logis et s'en aider en leurs nécessités, du 1er Juin 1465 au 27 Janvier 1466 ; 84 pics, 63 hoyaux, 106 pelles et louchets, 82 cognées, 75 serpes.

Distribution d'artillerie ; 2 serpentines de fer et 8 de métal (bronze), 28 coulevrines de fer, 124 pavois (sorte de blindage en forme de bouclier destiné à mettre à l'abri les canonniers et les pionniers), 16 leviers de fer, répartis ainsi : à Maillard de Le Lentille, écuyer, commis à la garde des ponts Ste-Maxence, délivré le 30 Juin 1465, pour la garde desdits ponts, deux serpentines de métal d'une sorte (de même calibre), garnies de leurs roues et affûts, pesant environ 250 livres pièce, lesquelles ont été perdues audit lieu après la journée de Montlhéry ; à Oste de Le Motte, le 14 Juillet 1465, pour la *plaice* du pont de St-Cloud, 6 coulevrines de fer qui y furent perdues ; le 16 Juillet, à la journée de Montlhéry, « furent rompues à tirer sept autres serpentines de métail de pareille sorte que celles cy-dessus, dont il y eut pluseurs pièces perdues » ; — « a esté desrobé devant Conflans une serpentine de pareille sorte » ; — délivré, le 24 août, au marquis de Rothelin 10 coulevrines de fer ; 6 autres coulevrines de fer ont été rompues pendant la campagne ; — « item, n'est mie à oublyer que durant le siège que mondit seigneur de Charrolois fist mectre ou mois de juing mil CCCC LXV devant la plaice et chastel de Beaulieu, il y ot pluseurs pavays qui furent mis aux approches qui se firent oudit siège pour paviser et tander les canonniers et autres personnes besongnans esdites approches, dont la pluspart d'iceulx furent rompuz et gastez, tant des canons que ceulx de ladite plaice gettoyent à l'encontre comme autrement, et meismement au tranchys qui fut fait autour du logis de mondit seigneur de Charrolois à Conflans, là où il fut par l'espace de soixante-dix jours entiers, y ot pluseurs d'iceulx pavays rompuz et gastez, car les canonniers, chartons et autres en firent leurs logiz, et de deux cens desdits pavays qui furent chargiez audict Lille le vingt-deuxiesme jour du mois de may oudit an LXV, pour mener en l'armée dessusdicte, n'en a esté ramené qui soit venu au prouffict de monseigneur que soixante-seize pavays, ainsi en y a eu de perdus sis vins-quatre pavays »; item, 16 leviers de fer ont été pareillement perdus ou rompus pendant ladite campagne ainsi que plusieurs *ferrailles* employées pour les ponts de Moret et de Conflans; avec une grande quantité de *cordail*.

Si nous rapprochons des chiffres que nous donne le document que nous venons d'analyser, celui des tués et des blessés de l'armée française à la bataille de Montlhéry, fourni par Comines, on voit que pour tuer environ 800 hommes, en blesser 2000 et obtenir un succès douteux, on peut même dire nul au point de vue stratégique, puisque le comte de Charolais n'empêcha pas Louis XI de pénétrer dans Paris ce qui était pourtant le but qu'il se proposait, l'armée bourguignonne employa à la journée du 16 juillet 1465 : 5 caques de poudre pour les serpentines et ribau-dequins et 1 caque, les 17 et 18, lors des escarmouches qui eurent lieu devant le château de Montlhéry ; 1500 livres de *plommets* ou petits boulets de plomb le 16 et 100 les 17 et 18 juillet ; 223 fûts et fers de lance ; 154 vouges ; 360 piques ferrées ; 1800 arcs à main ; 3200 douzaines de flèches avec

700 douzaines de cordes d'arc ; sept serpentines de bronze éclatèrent ou furent rompues pendant la bataille.

Il est facile, d'après ces indications, de se rendre compte de l'importance du rôle joué alors par les archers à la guerre. Les sept à huit mille archers bourguignons lancèrent pendant la journée du 16 Juillet, 38.400 flèches, soit une moyenne de 5 flèches chacun. Si les archers français les imitèrent, ce qui paraît assez vraisemblable, le soleil, comme aux Thermopyles, dut un instant être obscurci par les traits se croisant en l'air. D'ailleurs Comines, qui avait assisté à la bataille de Montlhéry, fait à ce propos la réflexion caractéristique suivante : « combien que mon advis est que la souveraine chose du monde, pour les batailles, sont les archiers ; mais qu'ilz soient par miliers (car en petit nombre ne valent riens) et que ce soient gens mal montez, à ce qu'ilz n'ayent point de regret à perdre leurs chevaulx, ou que tous poinctz n'en ayent point ; et vallent mieulx, pour vray un jour en cest office, ceulx qui ne virrent riens que les bien exercitez » (1).

Il est à remarquer que les principaux seigneurs de l'armée bourguignonne, le comte de St-Pol, le bâtard de Bourgogne, le sire de Ravestein. le marquis de Rothelin, le sire de Haubourdin etc., commandaient non-seulement les lances composées de leurs chevaliers, d'écuyers et de sergents, mais aussi un certain nombre d'archers. Quant à l'artillerie, son rôle en rase campagne était encore, au milieu du XVe siècle, assez peu important puisqu'il ne fut lancé par les 32 serpentines où coulevrines qui prirent part à la bataille de Montlhéry que la quantité de 1.500 livres de *plommets* ou boulets de plomb. En revanche, dans les sièges et dans l'attaque ou la défense des points stratégiques comme les ponts Ste-Maxence et de St-Cloud, la grosse artillerie composée de bombardes, de veuglaires et de

---

(1) Mémoires. Édit. de Chantelauze, p. 23.

mortiers, était déjà presque uniquement employée pour réduire rapidement les places et en faire tomber les murailles. Ainsi pendant le siège du château de Beaulieu qui dura quatre jours, on ne dépensa pas moins de 16 caques de poudre pour lancer 127 pierres de différents calibres.

L'inventaire des armes et munitions diverses employées ou dépensées pendant la campagne du comte de Charolais en France dans le cours de l'été de l'an 1465, tel qu'il a été dressé par le receveur de l'artillerie Guillaume Bourgois, nous a paru constituer un document intéressant pour l'histoire militaire au XVᵉ siècle. Les renseignements qu'il fournit doivent être acceptés comme d'autant plus véridiques, que leur auteur n'avait pas comme bien des chroniqueurs, l'intention d'écrire pour la postérité, mais simplement celle de justifier sa gestion financière devant les officiers de la Chambre des Comptes de Lille chargés de la contrôler. Au mérite d'être inédits ils joignent donc celui de la précision et de la véracité d'une pièce comptable. Ce document fait mention, enfin, de quelques faits historiques qu'aucun chroniqueur n'avait signalés jusqu'ici, la prise du château de Beaulieu, entre autres. Nous espérons que pour ces motifs on voudra bien nous pardonner de l'avoir analysé un peu longuement.

22 Mai 1465.

INVENTAIRE D'ARTILLERIE

(Archives du Nord. — Art. B. 3516.)

Sensievent les parties d'artillerye que Guillaume Bourgois, receveur de l'artillerie de monseigneur le duc de Bourgoigne, a délivrées au commandement de monseigneur le conte de Charrolois, filz de mondit seigneur et son lieutenant général, et du sceu et ordonnance de monseigneur de Moreul, maistre de ladicte artillerie, depuis le vint-deuxiesme jour du mois de may l'an mil quatre cens soixante-cinq, que lors mondit seigneur fist partir ladicte artillerie de la ville de Lille pour mener avec lui ès voiages par lui faiz en armes oudit an LXV ès royaulme de France et pays de Liège, jusques au vint-septiesme jour de janvier ensuivant oudit an que ladicte artillerie fut chargée sur l'eaue en la ville de Louvain pour la ramener audit lieu de Lille ; et desquelles parties d'artillerie ainsi distribuées et despensées par l'ordonnance dessus dicte durant lesdits voiages, la declairacion est cy aprez mise par ordre selon les jours que la distribucion en a esté faicte par ledit receveur de l'artillerye.

Et premièrement :

Distribucion et despense de pouldre de canon faicte à pluseurs fois et en divers jours durant l'armée dessusdicte.

Assavoir, au partement que fist ladicte artillerye de la ville d'Arras, le XXIXᵉ jour de may l'an mil CCCC soixante-cinq, pour ce que l'on estoit adverti que aucuns malveullans de mondit seigneur de Charrolois avoient fait espier pour savoir ledit partement, affin de porter dommaige à icelle artillerie se faire le povoient, fut ordonné par monseigneur de Moreul, maistre de ladicte artillerie, que l'en déliveroit aux canonniers et culevriniers d'icelle artillerie, à chascun ung sac de pouldre pour eulx en aidier se

besoing estoit ; et pour ce faire, fut deffonsé ung caque de pouldre de canon qui fut délivrée ausdits canonniers. Pour ce yci, en despence........
.... ung caque pouldre.

Item, à monseigneur le conte de Saint-Pol, qui lui fut envoié à Athies-lez-Péronne, le II° jour de juing oudit an, par l'ordonnance de mondit seigneur de Charrolois avec certaine artillerie que l'en lui envoyoit lors pour la garde d'icelle ville......................... ung caque de pouldre.

Item, en a esté despencé durant le siège que mondit seigneur a tenu, oudit mois de juing LXV, devant le chastel de Beaulyeu, les vint et ung, vint-deux, vint-trois et vingt quatriesmes jours dudit mois de juing, tant pour les bombardes et gros veuglaires, comme pour les mortiers et serpentines qui estoient assises devant ladicte plaice..........................
.... seize caques demie de pouldre.

Item, a esté aussi despencé durant ledit siège ung caque de salpettre et demi caque de souffre pour faire huit grosses pierres de feu que mondit seigneur avait ordonné faire à maistre Hanse le canonnier, lesquelles ne firent riens, mais furent depuis perdues et adirées... ung caque de salpettre
Et .... demi caque de souffre.

Item, fut délivré à Maillart de le Lentille, escuier, le VI° jour de juillet oudit an, pour la garde des ponts Sainte Maxence, à laquelle mondit seigneur de Charrolois avoit commis ledit Maillart... demi caque de pouldre.

Item, le neufième jour dudit mois de juillet oudit an mil CCCC LXV, fut délivré par l'ordonnance de mondit seigneur de Charrolois, à monseigneur le conte de Saint Pol, ung caque de pouldre pour lui en aidier devant le pont de Saint Clou, là où mondit seigneur de Charrolois l'envoya lors pour assaillir ledit pont, au lez de delà la rivière de Sayne, où mondit seigneur avoit intencion de le faire assaillir de l'autre costé. Pour ce......
.... ung caque de pouldre.

Item, le quatorzième jour dudit mois de juillet, fut délivré à Oste de le Motte pour la garde du pont Saint-Clou, à laquelle mondit seigneur de Charrolois l'avoit commis......................... ung caque de pouldre.

Item, le sexième jour d'icellui mois de juillet oudit an LXV, que mondit seigneur de Charrolois ot la bataille à l'encontre du Roy de France et sa puissance ; fut despencé pour ledit jour en get de serpentines et ribaudequins.. cinq caques de pouldre.

Item, les mercredi et jeudi dix-sept et dix-huitiesme jours dudit mois de juillet, a esté despencé en gettant de serpentines et autres engiens, contre ceulx de la garnison de Mont-le-Héry.............. ung caque de pouldre.

Item, le vint-septiesme jour dudit mois de juillet, messeigneurs de Berry et Bretaigne estans en la ville d'Estampes, vindrent veoir l'artillerie de mondit seigneur de Charrolois, laquelle icellui seigneur ordonna faire toute mettre en parcq et la fist getter par deux fois, en quoy fut despencé environ .... ung caque de pouldre.

Item, le........... jour du mois d'aoust oudit an LXV, a esté despencé à faire getter l'artillerie à l'encontre des gens du Roy qui vouloient deffendre le passaige du pont que icellui seigneur fist faire lez Mouret ....
.... trois caques de pouldre.

Item, le.......... jour du mois d'aoust oudit an mil CCCC soixante cinq, a esté despencé à la prinse du pont de Charenton.... ung caque de pouldre.

Item, depuis le vingtiesme jour dudit mois d'aoust que mondit seigneur vint logier en son hostel de Conflans lez Paris et son armée alentour de lui jusques au derrain jour d'octobre ensuivant qu'il s'en parti pour retourner en Liège après le traictié fait entre le Roy et mondit seigneur, où sont soixante-dix jours entiers ; a esté despensé à pluseurs fois et en divers jours aux escarmuches qui se sont faictes d'un costé et d'autre durant ledit temps.................................. .. .. unze caques de pouldre.

Et si en a esté despensé depuis le premier jour de novembre oudit an mil IIIIᶜ LXV, que lors mondit seigneur de Charrolois se parti de devant Paris, jusques au vint-septiesme jour de janvier ensuivant oudit an que l'armée fut rompue, à pluseurs fois et en divers jours, environ.. trois caques.

Somme de la despence faicte de ladicte pouldre de canon, selon la déclaracion dessus dicte ...... quarante six caques de pouldre.

Item................. .... ung caque de salpettre.
Et............................. .... demi caque de souffre.

Distribucion de pierres pour bombardes, veuglaires, mortiers et ribaudequins.

Primo.

A esté despensé les vint et ung, vint-deux et vingt-troisième jours du mois de juing oudit an mil CCCC soixante-cinq au siège que mondit seigneur de Charolois avoit lors mis devant le chastel de Beaulieu pour la bombarde nommée « Bregière ».. vint deux pierres de treize polz en croisée.

Item, pour une autre bombarde... quatorze pierres de pareille pochoison

Item, pour deux mortiers de fer........... douze pierres de douze polz.

Item, pour trois veuglaires d'une sorte, pour chascun quatorze pierres sont................. .... quarante deux pierres.

Item, a esté perdu par les chartons qd'ilz ont laissié cheoir en chemin, le nombre de .... vint-six pierres de treize polz.

Item, pour un petit veuglaire de fer .... unze pierres de neuf polz.

Item, a esté despensé desdictes pierres de neuf polz tant au pont de Mouret, comme durant le temps que Monseigneur a esté à Conflans, à tirer ung canon de cuivre nommé courtault, qui fut gaignié sur le Roy à la bataille de Mont-le-Héry .... trente deux pierres de neuf polz.

Et si a esté despensé depuis le vint-deuxième jour de may l'an mil CCCC soixante cinq que ladicte artillerie parti de Lille jusques au vint-septiesme jour de janvier ensuivant oudit an, que lors l'armée de mondit seigneur de Charrolois fut rompue, pour les ribaudequins de l'artillerie, à pluseurs fois et en divers jours... douze cens pierres de deux polz pour ribaudequins.

Somme de la despense faicte desdictes pierres de canon, des pochoisons et sortes cy-dessus.. treize cens cincquante neuf pierres.

Despense de ploncq pour serpentines faicte durant ledit voiaige en la manière qui s'ensuit :

Assavoir à monseigneur le conte de Saint-Pol, qui lui fut envoyé le deuxième jour de juing oudit an LXV en la ville d'Athyes, par l'ordonnance de mondit seigneur de Charrolois, pour servir à deux serpentines que lors lui furent envoyées pour la deffence de ladicte ville en soixante plommetz de ploncq pour servir ausdictes deux serpentines, chascun plommet pesant une libvre. Pour ce yci....... soixante libvrez de ploncq.

Item, en a esté despensé au siège que monseigneur a fait mettre devant le chastel de Beaulieu oudit mois de juing LXV, où il y avoit quatre grosses serpentines de fondue et six autres moyennes qui tiroient journellement durant ledit siège, environ.......... dix-huit cens libvrez de ploncq.

Item, a esté délivré par l'ordonnance que dessus le derrenier jour de juing oudit an, à Maillart de le Lantille, commis à la garde des ponts Sainte Maxence, pour servir à deux serpentines de métail qui lui furent délivrées par l'ordonnance de mondit seigneur, avec six culevrines de fer pour la deffence dudit lieu, en nature de plombets et ploncq en masse.. sept vins dix libvrez (de) ploncq.

Item, à Oste de le Motte, le quatorzième jour de juillet pour la garde du pont Saint-Clou, pour faire plommetz des culevrines à lui laissées...... .... soixante-dix libvrez de ploncq.

Item, le sexième jour de juillet oudit an LXV, a esté despensé à la bataille qui fut ledit jour à Mont-le-Héry, ainsi que cy dessus est dit, pour les serpentines qui tirèrent, pour ledit jour, environ.................... .... quinze cens libvrez (de) ploncq.

Item, les dix-sept et dix-huitiesme jours dudit mois de juillet, a esté despensé aux escarmuches qui se feirent à l'encontre de ceulx de la plaice dudit lieu de Mont-le-Héry, environ .... cent libvrez de ploncq.

Item, le...... jour dudit mois, a esté despensé à tirer les serpentines de l'artillerie de mondit seigneur environ deux cens cinquante libvrez dudit ploncq, lesquelles icellui seigneur fist lors tirer par deux fois quant messeigneurs de Berry et de Bretaigne vindrent veoir ladicte artillerie. Pour ce yci, despensé .... deux cens cinquante libvrez de ploncq.

Item, le...... jour du mois d'aoust et autres jours ensievans a esté despensé au pont que mondit seigneur fist faire au prez de Mouret pour passer la rivière de Sayne, auquel pont les gens du Roy estoient venus pour deffendre le passage, là où ilz furent reboutez par le get desdictes serpentines........................... six cens libvrez (de) ploncq.

Item, le.......... jour dudit mois d'aoust, a esté despensé devant le pont de Charenton et......... la prinse d'icellui en faisant tirer desdictes serpentines à l'encontre des gens du Roy estant illecq, lesquelz habandonnèrent en pou de heure icellui pont et s'en fuirent................... .... sept vins libvrez (de) ploncq.

Item, depuis le........... jour dudit mois d'aoust que mondit seigneur de Charrolois arriva à son hostel de Conflans-lez-Paris, et son armée autour de sondit logis, en a esté despensé à pluseurs fois et en divers jours jusques au vint-neufième jour d'octobre ensuivant, tant aux escarmuches qui durant le temps de la guerre se firent d'un parti et d'autre, et meismement durant les jours que les gens du Roy firent leurs tranchys au lez de delà ladicte rivière de Sayne, à l'endroit de l'ostel de mondit seigneur de Charrolois comme autrement en plusieurs manières .... deux mille huit cens libvrez de ploncq.

Et si en a l'en despensé depuis le partement dudit Conflans qui fut le vint-neufième jour dudit mois d'octobre, jusques audit vint-septiesme jour de janvier ensuivant, en pluseurs manières et en divers jours......... .... sept cens libvrez de ploncq

Somme de la despense faicte dudit ploncq, selon la déclaracion ci-dessus.................................. .... huit mil cent soixante-dix libvrez de ploncq.

Aultre distribucion de fustz et fers de lanches faicte durant ladicte armée en la manière qui s'ensuit :

Primo.

A monseigneur le conte de Saint-Pol, le deuxième jour du mois de juing oudit an LXV, par l'ordonnance de mondit seigneur de Charrolois, pour délivrer à aucuns hommes d'armes de sa compaignie................ .... huit fustz de lanches.

A monseigneur le bastard de Bourgoigne, le douzième jour de juing, par l'ordonnance que dessus.................. . quatre fustz de lances.

A monseigneur de Ravestein, ledit jour, pour délivrer comme dessus ... . six fustz de lanches.

A Robinet de Merclessart, escuier, le trexième jour dudit mois .... un fust de lance.
Et................................ ung fer.

Au Veaul de Bousenten, homme d'armes sous monseigneur d'Aymeries, cedit jour...... .... ung fust de lance.

A Henry Kenobot, escuier, ledit jour................ ung fust de lance.
Et................................ ung fer.

A Antoine de Poix, escuier, homme d'arme soubz monseigneur de Moreul, ledit jour................................ ung fust de lance.
Et................................ ung fer.

A Jehennet Postel, le troisième jour de juillet ensuivant oudit an LXV. .... ung fust de lance.
Et .... ung fer.

A Jehan de Bostuse, cedit jour.................,.... deux fustz de lances.
Et...... .... deux fers.

Item, le receveur de l'artillerie, par ordonnance de mondit seigneur de Charrolois, pour ce que ladicte artillerie n'estoit point bien fournie de fustz de lances, fist achetter en la ville d'Arras ou mois de juing oudit an LXV, oultre cent fustz de lances qu'il avoit illec achetez ou mois de may précédent, autres cent fustz de lances de bois de tilleul, lesquelz il avoit chargié au marchant faire amener aprez mondit seigneur, mais ainsi que le charton les amenoit aprez l'armée mondit seigneur de Charroloys estant à Saint Denis, ceulx de la garnison de Senlis, destroussèrent le 'its cent fustz de lances et furent perdus. Pour ce yci................. cent fustz de lances.

Audit monseigneur le conte de Saint-Pol, le huitiesme jour de juillet oudit an LXV, pour délivrer aux hommes d'armes de sa compagnie quant 'il fut envoyé prendre le logis au pont Saint-Clou..... vint fustz de lances.

A mondit seigneur le bastard de Bourgoingne, ledit jour, par l'ordonnance de mondit seigneur de Charrolois, pour délivrer à aucuns hommes d'armes de sa compaignie................. · .... huit fustz de lances.

A mondit seigneur de Ravestein, ledit huitiesme jour de juillet, par l'ordonnance de mondit seigneur de Charrolois, pour délivrer aux hommes d'armes de sa compaignie .... quatre fustz de lances.

A pluseurs hommes d'armes de l'armée de mondit seigneur de Charrolois, le sexième jour dudit mois de juillet, à la bataille que mondit seigneur eult ce jour contre le Roy et sa puissance... soixante seize fustz de lances.

Et.......... .... soixante seize fers.

A mondit seigneur le comte de Saint-Pol, le vint cinquiesme jour dudit mois de juillet oudit an LXV, à Estampes, pour délivrer à aucuns hommes d'armes de sa compaignie, lesquelz avoient rompu leurs lances à ladicte bataille de Mont-le-Héry .... vint-cinq futz de lances.

A mondit seigneur le bastard de Bourgoigne cedit jour pour délivrer aussi à aucuns hommes d'armes de sa compaignie, lesquelz avoient rompu leurs lances comme dessus..................... vint cinq fustz de lances.

A mondit seigneur de Ravestein, cedit jour, pour semblablement délivrer à aucuns hommes d'armes de sa compaignie, lesquelz avoient rompu leurs lances à ladicte bataille de Mont-le-Héry, comprins ung fust de lance qui fut rompu........................... vint-six fustz de lances.

A Messire Emard Bouton, chevalier, ledit jour....... ung fust de lance.

A Jaques Dorsan, escuier, ledit jour, par l'ordonnance que dessus...... .... ung fust de lance.

A monseigneur Jaques de Bourbon cedit jour, par l'ordonnance que dessus, pour délivrer à trois hommes d'armes de sa compaignie........... .... trois fustz de lance

A Jaquemin de Luxi, escuier, cedit jour............. ung fust de lance.

A monseigneur de Pouques le deuxième jour d'aoust oudit an **LXV**.....
.... ung fust de lance.

A Jaques Dumas, escuier, homme d'arme soubz mondit seigneur de
Charrolois .... ung fust de lance.
Et... ung fer.

A Charles de Visan, escuier, ledit jour .... ung fust de lance.

A Girard de Rochebaron, cedit jour................ ung fust de lance.

A Jehan de Sorel, cedit jour .... ung fust de lance.

A monseigneur de Bryenne, cedit jour, par l'ordonnance que dessus,
pour délivrer à quatre hommes d'armes de sa compaignie..................
.... quatre fustz de lance.

A monseigneur de Maumez, cedit jour .... ung fust de lance.
Et................. .... ung fer.

A Henry de Wargni, ledit jour, par l'ordonnance que dessus ....
.... ung fust de lance.

A Charles de Cervolles, cedit jour.................. ung fust de lance.

A Robert de Namur, ledit jour .... ung fust de lance.

A messire Josse de Varsenare, chevalier, ledit jour, par l'ordonnance
que dessus.. ung fust de lance.

A Jehan Preudomme, escuier, ledit jour............. ung fust de lance.

A Jehan le Tourneur, le josne, ledit jour .... ung fust de lance.
Et .... , ung fer.

A Maillotin Du bacq, ledit jour, par l'ordonnance que dessus..........
.... un fust de lance.
Et.............:............. .... ung fer.

A messeigneurs de Couche et de Halbourdin qui furent envoiez de par
mondit seigneur de Charroloys, au devant de l'argent et de l'artillerie que
monseigneur le Duc envoyoit à icellui seigneur, qu'ilz ont prins et délivré
aux hommes d'armes de leurs compaignies des deux cens fustz de lances
qui furent lors envoiez .... soixante-quatre fustz de lances.
Et............................... soixante-quatre fers.

A mondit seigneur le conte de Saint-Pol, le quatorzième jour d'octobre
oudit an LXV, par l'ordonnance de mondit seigneur de Charrolois, pour
délivrer aux hommes d'armes de sa compaignie....... vint fustz de lances.

A mondit seigneur le bastard, cedit jour, pour délivrer à aucuns hommes
d'armes de sa compaignie, par l'ordonnance que dessus................ ,...
.... douze fustz de lances.

A mondit seigneur de Ravestein, par l'ordonnance que dessus cedit jour,

aussi pour délivrer à aucuns hommes d'armes de sa compaignie . . . .
. . . . douze futz de lances.

A monseigneur de Marle, cedit jour, par l'ordonnance que dessus pour délivrer à quatre hommes d'armes de sa compaignie. . quatre fustz de lance.

A monseigneur le marischal de Bourgoigne, cedit jour, pour pareillement délivrer aux hommes d'armes de sa compaignie, par l'ordonnance que dessus . . . . douze fustz de lances.

A messeigneurs Claude et Tristan de Thoulonjon, cedit jour, par l'ordonnance que dessus, pour délivrer à aucuns hommes d'armes de leurs compaignies . . . . huit fustz de lances.

A monseigneur d'Arguel et monseigneur de Montagu, ledit jour, pour semblablement délivrer aux hommes d'armes de leurs compaignies, par l'ordonnance que dessus . . . . dix fustz de lances.

A monseigneur le marquis de Rothelin, cedit jour, pour aussi délivrer aux hommes d'armes de sa compaignie, par l'ordonnance de mondit seigneur . . . . six fustz de lances.

A monseigneur Jaques de Luxembourg, ledit jour, pour délivrer, et par l'ordonnance que dessus . . . . six fustz de lances.

A monseigneur de Fiennes, ledit jour, par l'ordonnance que dessus pour délivrer à quatre hommes d'armes de sa compaignie . . . .
. . . . quatre fustz de lances.

A monseigneur de Brugdam, cedit jour, pour délivrer à deux hommes d'armes de sa compaignie . . . . deux fustz de lances.

A monseigneur de Moreul, pour délivrer à trois hommes d'armes de sa compaignie, ledit jour . . . . trois fustz de lances.

A monseigneur Jaques de Bourbon, cedit jour, pour délivrer à quatre hommes d'armes de sa compaignie, par l'ordonnance que dessus . . . .
. . . . quatre fustz de lances.

A Antoine le Breton, cedit jour, par l'ordonnance que dessus . . . .
. . . . ung fust de lance.

A Philippe de Houpelines, cedit jour . . . . ung fust de lance.

A Anthoine de Rosimbos, ledit jour, pour délivrer aux hommes d'armes de sa compaignie, par l'ordonnance de mondit seigneur . . . .
. . . . six fustz de lances.

A monseigneur de Roussy, ledit jour, pour délivrer, à quatre hommes d'armes de sa compaignie, par l'ordonnance que dessus . . . .
. . . . quatre fustz de lances.

A Lyonnel d'Ongnies, ledit jour, par l'ordonnance que dessus . . . .
. . . . .deux fustz de lances.

A monseigneur le conte de Vernembourg, ledit jour, par l'ordonnance que dessus...deux fustz de lances. Et à monseigneur de Contay, pour délivrer à aucuns hommes d'armes de l'ostel de mondit seigneur ....dix-huit fustz de lances.

Somme de la distribucion faicte desdits fustz et fers de lances.. ....cinq cens trente-deux fustz de lances. Et... sept-vins-dix fers.

Autre distribucion de vouges faicte par l'ordonnance de mondit seigneur de Charrolois durant ladicte armée, aux personnes et ès jours qui s'ensievent :

Primo.

A Philippe, bastard de la Viesville, capitaine des archiers de corps de mondit seigneur de Charrolois pour délivrer à trente-quatre archiers d'icellui seigneur, le huitiesme jour de juing, l'an mil CCCC soixante cinq.............................. ....trente-quatre vouges.

A monseigneur de Ravestein, par l'ordonnance de mondit seigneur de Charrolois, pour délivrer aux archers de son corps ....treize vouges.

A maistre Jehan, huissier d'armes de mondit seigneur, à Beaulieu, le le vingt-deuxième jour dudit mois de juing oudit an, par l'ordonnance de mondit seigneur...ung vouge.

A plusieurs hommes d'armes, archiers et autres gens de l'armée de mondit seigneur qui le sexième jour de juillet oudit an LXV avoient rompu leurs lances et autres bastons à la bataille qui fut ledit jour lez Mont-le-Héry, a esté délivré cedit jour par l'ordonnance que dessus............... .... sept-vins-quatre vouges.

A monseigneur de Contay, maistre d'ostel de mondit seigneur de Charrolois, le dix-septiesme jour dudit mois de juillet....... deux vouges.

A huit archiers de corps de mondit seigneur de Charrolois, lesquelz avoient perduz leurs bastons à ladicte bataille de Mont-le-Héry, fut délivré le vintiesme jour dudit mois de juillet, à chascun ung vouge : Pour ce... .... huit vouges.

A monseigneur l'arcediacre d'Avalon, cedit jour ....ung vouge.

A monseigneur le conte de Vernembourg, le vint-quatriesme jour dudit mois de juillet, pour lui et ung homme d'arme de sa compaignie.......... ....deux vouges.

A monseigneur de Brugdam, ledit jour à Estampes, par l'ordonnance que dessus...ung vouge.

A Jaquemin de Luxi, escuier, aussi ledit jour et audit lieu, par l'ordonnance que dessus...ung vouge.

A maistre Amand Millon, cedit jour par l'ordonnance de monseigneur de Moreul, maistre de ladicte artillerie......................ung vouge.

A Philippe de Bourbon, le troixième jour d'aoust oudit an LXV, par l'ordonnance de mondit seigneur de Charrolois .... ung vouge.

A Charles de Visan, ledit jour par l'ordonnance que dessus, pour lui et Loys son frère, chascun un vouge, sont................... deux vouges.

A maistre Guillaume Hugonnet, maistre des requestes de mondit seigneur de Charrolois, le douzième jour dudit mois d'aoust, par l'ordonnance que dessus............ ....ung vouge.

A maistre Jehan Carondelet, aussi maistre des requestes de mondit seigneur de Charrolois, par l'ordonnance que dessus............. ung vouge

A Jaques de Montmartin, le quinzième jour de septembre oudit an, par l'ordonnance de mondit seigneur de Charrolois ....ung vouge.

A monseigneur le bastard de Bourgogne, cedit jour, par l'ordonnance que dessus, pour délivrer à trois archers de son corps........trois vouges.

A messire Jehan de la Viesville, bailli de Saint-Quentin, le dix-septiesme jour dudit mois de septembre, par l'ordonnance de mondit seigneur de Charrolois...ung vouge.

A Philippe Bouton, escuier, cedit jour par l'ordonnance que dessus..... ....ung vouge.

A Jehan le Preudomme, aussi escuier, cedit jour........... ung vouge.

A Alain, de l'espicerie de mondit seigneur de Charrolois, ledit jour, par l'ordonnance que dessus.................................... ung vouge.

A Anthoine, huissier d'armes de mondit seigneur, le vintiesme jour de septembre oudit an, par l'ordonnance que dessus ....ung vouge.

A monseigneur le marquis de Rothelin, le vint-cinquiesme jour dudit mois de septembre, par l'ordonnance de mondit seigneur de Charrolois, pour lui et six gentilz-hommes de sa compaignie ....sept vouges.

A messire Émard Bouton, cedit jour, par l'ordonnance que dessus ....ung vouge.

A Jaques d'Orsan, le premier jour d'octobre oudit an LXV, par l'ordonnance que dessus...................................ung vouge.

A Jaques Pourcelot, trésorier des guerres, ledit jour.........ung vouge.

A messire Guillaume de Bische, ledit jour .... ung vouge.

A Pierre Michiel, ledit jour ....ung vouge.

Aux deux varlets de pied de mondit seigneur de Charrolois, ledit jour,

par l'ordonnance d'icellui seigneur à chascun ung vouge. Pour ce ....
.... deux vouges.

A Regnault Bron, ledit jour ....ung vouge.

A Jehan de Veer, ledit jour............................ung vouge.

A monseigneur de Sarcus le IIIIᵉ jour dudit mois d'octobre...ung vouge.

A Tussin, de la garde-robe de mondit seigneur de Charrolois, ledit jour
....ung vouge.

A Trotet, fruictier de mondit seigneur de Charrolois, ledit quatriesme
d'octobre..ung vouge.

A Jehan le Tourneur, le sixième jour dudit mois d'octobre...ung vouge.

A Pierre Lalemant, queux de mondit seigneur de Charrolois, ledit
jour..ung vouge.

A messire Robert Cotereaul, ledit jour....................ung vouge.

A Loys de Soissons, cedit jour ....ung vouge.

A Anthoine de Poix, ledit jour............................ung vouge.

A messire Philippe de Crèvecœur, le VIᵉ jour du mois de janvier mil
IIIIᶜ LXV, pour délivrer à XVIII des archiers de corps de monseigneur de
Charrolois...dix-huit vouges.

A monseigneur de Saint-Pol, ledit jour par l'ordonnance de mondit seigneur le Charroloys pour délivrer à aucuns archiers de son corps ....
....six vouges.

A monseigneur le bastard de Bourgoigne, cedit VIᵉ jour de janvier, pour
délivrer à aucuns archiers de son corps....................six vouges.

A monseigneur de Ravestein, ledit jour, par l'ordonnance de mondit
seigneur de Charrolois, pour délivrer à aucuns archiers de son corps......
.... six vouges.

A Pierre Coquet, escuier de cuisine de monseigneur de Charrolois, ledit
jour, par l'ordonnance que dessus...........................ung vouge.

A Jaques de Lannoy, ledit jour, par l'ordonnance que dessus...........
....ung vouge.

A Jaques de Gouy, cedit jour ....ung vouge.

A Pierre de Cressy, ledit jour ....ung vouge.

A Gérard Loier, orfèvre de mondit seigneur de Charrolois, ledit jour, par
l'ordonnance que dessus ....ung vouge.

A monseigneur le conte de Vernembourg, cedit jour, par l'ordonnance
que dessus..ung vouge.

Somme de la distribucion faicte desdiz vouges selon la déclaracion cy dessus.............deux cens quatre vins huit vouges.

Aultre distribucion de picques ferrées.

Assavoir, le séxième jour du mois de juillèt oudit an mil CCCC soixante cinq, qui fut le jour de la bataille que mondit seigneur de Charrolois ot encontre le Roy et sa puissance, laquelle mondit seigneur obtint par la grâce de Dieu, fut prins par pluseurs compaignons de ladicte armée sur les chariotz de ladicte artillerie, pour la deffense de leurs corps, le nombre de..........

.................trois cens soixante piques ferrées.

A monseigneur le maréchal de Bourgoigne, le quatorzième jour d'octobre anno LXV, de deux cens picques que monseigneur le Duc avoit envoyé à mondit seigneur de Charrolois, son filz, lui estant devant Paris, pour délivrer aux gens de guerre de sa compaignie........... quarante picques.

A monseigneur de Conches, ledit jour, par l'ordonnance de mondit seigneur, pour semblablement délivrer à aucuns gens de guerre de sa compaignie... douze picques.

A monseigneur le marquis de Rothelin, cedit jour, par l'ordonnance que dessus, pour délivrer aux gens de guerre de sa compaignie.. vint picques.

A monseigneur d'Arguel, ledit jour, par l'ordonnance que dessus, aussi pour délivrer aux gens de guerre de sa compaignie........ vint picques.

A monseigneur le bastard de Bourgoigne, pour quatre archiers de sa compaignie, cedit jour, par l'ordonnance que dessus..... quatre picques.

A messeigneurs Claude et Tristran de Thoulonjon, cedit jour, par l'ordonnance que dessus................................. quatre picques.

A monseigneur de Ravestein, cedit jour, par l'ordonnance que dessus, pour délivrer à aucuns gens de guerre de sa compaignie.. quarante picques.

A monseigneur le bastard de Bourgoigne, ledit jour, par l'ordonnance dessusdicte, pour pareillement délivrer à aucuns gens de guerre de sa compaignie... quarante picques.

A monseigneur le marischal de Bourgoigne, cedit jour, par l'ordonnance que dessus, pour délivrer aux gens de guerre de sa compaignie...........

.... cinquante picques.

A monseigneur d'Arguel, ledit jour, par l'ordonnance que dessus, pour pareillement délivrer aux gens de guerre de sa compaignie.. douze picques.

A monseigneur de Montagu, cedit jour, par l'ordonnance dessusdicte, aussi pour délivrer aux gens de guerre de sa compaignie.. douze picques.

A monseigneur le marquis de Rothelin, ledit jour, par l'ordonnance que dessus, pour délivrer aux gens de guerre de sa compaignie.. vint picques.

Et si en a esté prins sur le charroy par aucuns chartons et gens de pied, ledit jour, pour ce que l'en atendoit que les Liégeois deussent venir combatre mondit seigneur de Charrolois.................. quarante picques.

Aultre distribucion faicte durant l'armée dessusdicte d'arcs, flesches et cordes, par le commandement de mondit seigneur en la manière qui s'ensuit :

Primo,

A messire Philippe de Crèvecuer, capitaine des archiers de corps de mondit seigneur, pour délivrer ausdicts archiers, par sa lettre du.......... jour de may oudit an LXV............................. cent ars à main.

A messire Martin Grasien, le septiesme jour de juing oudit an LXV, pour délivrer à quatre archiers de sa compaignie, par l'ordonnance de mondit seigneur de Charrolois.............................. quatre ars.

Item............................... quatre douzaines de flesches.

Et............................... une douzaine de cordes.

A Jaques Pourcelot, trésorier des guerres, ledit jour, pour délivrer à deux archiers qu'il a avec lui, par l'ordonnance que dessus.......... deux ars.

Et............................... deux douzaines de flesches.

A monseigneur le comte de Saint-Pol, par l'ordonnance que dessus, le neufième jour de juillet oudit an LXV, qui lui fut délivré à Saint-Denis, pour délivrer aux archiers de sa compaignie.............. trois cens ars.

Item............................... trois cens douzaines de flesches.

Et............................... vingt-cinq douzaines (de) cordes.

A monseigneur de Ravestein, ledit IX° jour de juillet, par l'ordonnance de mondit seigneur de Charrolois, pour délivrer aux archiers de sa compaignie............................... cent cinquante ars à main.

Item............................... cent cinquante douzaines de flesches.

Et............................... douze douzaines demie de cordes.

A monseigneur le bastard de Bourgoigne, cedi' jour, par l'ordonnance que dessus, pour délivrer aux archiers de sa compaignie.................
.... trois cens sept ars à main.

Item............................... trois cens sept douzaines de flesches.

Et........ .... trente douzaines de cordes.

A monseigneur de Fiennes, cedit jour, par l'ordonnance que dessus, pour délivrer aux archiers de sa compaignie........ trente et ung ars à main.

Item............................... trente une douzaines de flesches.

Et............................... trois douzaines de cordes.

A monseigneur le conte de Marle, ledit jour, par l'ordonnance de mondit seigneur de Charrolois, pour délivrer aux archiers de sa compaignie.......
.... quatre-vins ars à main.

Item............................... quatre-vins douzaines de flesches.

Et............................... huit douzaines de cordes.

A monseigneur Jaques de Saint-Pol, par l'ordonnance que dessus, ledit jour, pour délivrer aux archiers de sa compaignie..................
.... quatre-vins-cinq ars à main.

Item........................ quatre-vins-cinq douzaines de flesches.

Et.. neuf douzaines de cordes.

A monseigneur Jaques de Bourbon, cedit jour, par l'ordonnance que dessus, pour semblablement délivrer aux archiers de sa compaignie........
.... six ars à main.

Item.............................. .... six douzaines de flesches.

Et.. une douzaine de cordes.

A monseigneur de Roussy, cedit jour, par l'ordonnance que dessus, pour délivrer aux archiers de sa compaignie................. huit ars à main.

Item.. huit douzaines de flesches.

Et... deux douzaines de cordes.

A messire Jehan de Luxembourg, cedit jour, par l'ordonnance que dessus, pour délivrer aux archiers de sa compaignie.... unze ars à main.

Item................................ unze douzaines de flesches.

Et.. deux douzaines de cordes.

A monseigneur de Boucam, ledit jour, par l'ordonnance que dessus, pour pareillement délivrer aux archiers de sa compaignie.. huit ars à main.

Item............................ .... huit douzaines de flesches.

Et.. une douzaine de cordes.

A monseigneur de Brugdam, cedit jour, par l'ordonnance dessusdicte pour délivrer à aucuns archiers de sa compaignie........ six ars à main.

Item..................................... six douzaines de flesches.

Et.........................:................. une douzaine de cordes.

A monseigneur de Crèvecuer, ledit IXe jour de juillet, par l'ordonnance que dessus, pour délivrer à aucuns archiers de sa compaignie............
.... quatre ars à main.

Item.............................. quatre douzaines de flesches.

Et.. demi douzaine de cordes.

A monseigneur de Halbourdin, cedit jour, par l'ordonnance que dessus, pour aussi délivrer aux archiers de sa compaignie........ vint ars à main.

Item.............................. vint douzaines de flesches.

Et.. deux douzaines de cordes.

A messire Philippe de Crèvecuer, cedit jour, par l'ordonnance que dessus, pour délivrer aux archiers de sa compaignie.... soixante ung ars à main.

Item............................ soixante-une douzaines de flesches.

Et.......... . . .. six douzaines de cordes.

A monseigneur de le Hamaide, cedit jour, par l'ordonnance que dessus, pour délivrer à aucuns archiers de sa compaignie........ huit ars à main.

Item.................................... huit douzaines de flesches.

Et.................................... une douzaine de cordes.

A monseigneur de Miraumont, cedit jour, par l'ordonnance que dessus, pour délivrer aux archiers de sa compaignie............ six arcs à main.

Item.................................... six douzaines de flesches.

Et.................................... une douzaine de cordes.

A Anthoine de Rosimbos, cedit jour, par l'ordonnance que dessus, pour délivrer aux archiers de sa compaignie............ dix-neuf arcs à main.

Item.................................... dix-neuf douzaines de flesches.

Et.................................... deux douzaines de cordes.

A monseigneur de Créquy , cedit jour, par l'ordonnance que dessus, pour délivrer pareillement aux archiers de sa compaignie ..... neuf ars à main.

Item.................................... neuf douzaines de flesches.

Et.................................... douzaine-demie de cordes.

A monseigneur de Carency, cedit jour, par l'ordonnance que dessus, pour semblablement délivrer aux archiers de sa compaignie............
.... unze arcs à main.

Item.................................... unze douzaines de flesches.

Et.................................... une douzaine de cordes.

A monseigneur de Dormans, cedit jour, par l'ordonnance et pour délivrer comme dessus.................................... cinq ars à main.

Item.................................... cinq douzaines de flesches.

Et.................................... une douzaine de cordes.

A monseigneur de Moreul, maistre de ladicte artillerie, qui lui a esté délivré ledit IXe jour de juillet, pour délivrer aux archiers de sa compaignie.................................... dix-huit arcs à main.

Item.................................... dix-huit douzaines de flesches.

Et.................................... trois douzaines de cordes.

A monseigneur de Maeldeghem, ledit jour, par l'ordonnance de mondit seigneur de Charrolois, pour délivrer aux archiers de sa compaignie.....
.... six arcs à main.

Item....... .... six douzaines de flesches.

Et.................................... demie douzaines de cordes.

A messire Josse de Lalaing, le quinzième jour dudit mois de juillet, qui lui fut ordonné estre délivré pour délivrer aux archiers qui devoient demourer à Laigni sur Marne.................................... trente arcs à main.

Item.................................... trente douzaines de flesches.

Et .... quatre douzaines de cordes.

Item, le sexième jour dudit mois de juillet, oudit an LXV, mondit seigneur de Charrolois arrivé auprez de 'Mont-le-Héry. auquel lieu le Roy et sa puissance estoient en bataille à l'encontre des gens de mondit seigneur, ordonna que tous les coffres et tonneaux de son artillerie feussent ouvers et que tous ceulx de son armée preissent de ladicte artillerie autant que besoing seroit; auquel jour mondit seigneur obtint ladicte bataille et demoura victorieux et fut ledit Roy et ses gens mis en fuicte; et pour ledit jour a esté despensé par les archiers d'icelle armée : dix-huit coffres plains d'arcs ou avoit.................... dix-huit cens arcs à main.

Item, furent deffonsez cedit jour seize tonneaulx de flesches en chascun desquelz povoit avoir environ deux cens douzaines de flesches qui furent tous despensez : Pour ce yci....... trois mil deux cens XIIes (de) flesches.

Et si fu deffonsé une queue de Beaune et ung poinçon plains de cordes d'arcs à main ou povoit avoir assavoir, en la queue cirq cens douzaines et ou poinçon deux cens douzaines de cordes ; Pour ce yci :........ ....
. ... sept cens douzaines de cordes.

A mondit seigneur de Saint-Pol, le quatorzième jour de septembre oudit oudit an LXV, par l'ordonnance de mondit seigneur de Charrolois qui lui fut délivré devant Conflans-lez-Paris, pour délivrer aux archiers de sa compaignie.............. .... deux cens cinquante ars à main.
Item...................... deux cens cinquante XIIes de flesches.
Et..................................... trente douzaines de cordes.

. A mondit seigneur de Ravestein, cedit jour, par l'ordonnance de mondit seigneur pour délivrer aux archiers de sa compaignie...................
.... huit vins arcs à main.
Item...................... .... huit vins douzaines de flesches.
Et..... ... . quatorze douzaines de cordes.

A mondit seigneur le bastard de Bourgoigne, cedit jour, par l'ordonnance et pour délivrer comme dessus.................. deux cens arcs à main.
Item.............................. deux cens XIIes de flesches.
Et.................................. dix-sept XIIes de cordes.

A monseigneur de Marle, cedit jour, par l'ordonnance et pour délivrer comme dessus.................. .... trente ars à main.
Item................................. trente XIIes de flesches.
Et........ .... deux XIIes demie de cordes.

A monseigneur Jaques de Luxembourg, ledit jour, par l'ordonnance et pour délivrer comme dessus....... .... vint arcs à main.
Item........... .... vint XIIes de flesches.
Et............................. deux XIIes de cordes.

A monseigneur de Fiennes, cedit jour, par l'ordonnance que dessus, pour délivrer aux archiers de sa compaignie............ vint arcs à main.

Item .... vint douzaines de flesches.

Et .... deux XIIes de cordes.

A monseigneur le maréchal de Bourgoigne, cedit jour, par l'ordonnance et pour délivrer comme dessus........................... vint arcs à main.

Item.. vint XII^{cs} de flesches.

Et.. deux XIIes de cordes

A monseigneur de Conches, ledit jour, par l'ordonnance et pour délivrer comme dessus.. dix arcs à main.

Item......................↑............... dix douzaines de flesches.

Et........ .... une douzaine de cordes.

A monseigneur de Montagu, cedit jour, par l'ordonnance et pour délivrer comme dessus...... .... vint arcs à main.

Item........., ... vint XIIes de flesches.

Et.. deux XII^{cs} de cordes.

A monseigneur le marquis de Rothelin, ce dit jour, par l'ordonnance et pour délivrer comme dessus:........................... dix arcs à main.

Item................... .. .. dix XIIes de flesches.

Et.. une douzaine de cordes.

A messire Claude de Thoulonjon, ledit jour, par l'ordonnance que dessus pour délivrer aux archiers de sa compaignie . ...:. huit arcs à main.

Item................... .. .. huit XIIes de flesches.

Et .... une douzaine de cordes.

A monseigneur de Roussy, cedit jour, par l'ordonnance et pour délivrer comme dessus...... .... quinze ars à main.

Item.. quinze XIIes de flesches.

Et.. une XIIe demie de cordes.

A messire Jehan de Luxembourg, cedit jour, par l'ordonnance et pour délivrer comme dessus .... six arcs à main.

Item........ .... six XIIes de flesches.

Et.. demie XIIe de cordes.

A monseigneur de Halbourdin, cedit jour, par l'ordonnance et pour délivrer comme dessus............................ ... vint ars à main.

Item........ .... vint XIIes de flesches.

Et.. deux XIIes de cordes.

A messire Philippe de Crèvecœur, par l'ordonnance et pour délivrer comme dessus, ledit jour ....\. vint arcs à main.

Item.. vint XIIes de flesches.

Et...... ....,.. deux douzaines de cordes.

Aux archiers de corps de monseigneur le conte de Charrolois ledit

XIIIIe jour de septembre oudit an **LXV**, par l'ordonnance d'icellui seigneur .... cinquante arcs à main.

Item .... cinquante douzaines de flesches.

Et... huit douzaines de cordes.

A mondit seigneur de Moreul, maistre de ladicte artillerie qui lui a esté délivré ledit jour pour délivrer aux archiers de sa compaignie............ .... dix-huit arcs à main.

Item............................ ...... dix-huit douzaines de flesches.

Et........ .... douzaine demie de cordes.

A Anthoine de Rosimbos, cedit jour, par l'ordonnance de mondit seigneur, pour délivrer aux archiers de sa compaignie.. douze arcs à main.

Item...................... .... douze douzaines de flesches.

Et.. . une douzaine de cordes.

A mondit seigneur le conte de Saint-Pol, le sixième jour de janvier ensuivant oudit an **LXV** à Cleyngherne, pays de Liège, par l'ordonnance de mondit seigneur, pour délivrer aux archiers de sa compaignie .... deux cens cinquante ars à main.

Item......................... ...... deux cens cinquante XIIes de flesches.

Et................... .... trente-quatre XIIes de cordes.

A mondit seigneur de Ravestein, cedit jour, par l'ordonnance que dessus, pour délivrer aux archiers de sa compaignie.. huit vins arcs à main.

Item.............................. huit vins douzaines de flesches.

Et................................. ...... vint-six douzaines de cordes.

A mondit seigneur le bastard de Bourgoigne, cedit jour, par l'ordonnance et pour délivrer comme dessus.............. deux cens arcs à main.

Item...................................... deux cens XIIes de flesches.

Et........., ... trente-quatre XIIes de cordes.

A monseigneur Jaques de Luxembourg, cedit jour, par l'ordonnance et pour délivrer comme dessus...................... soixante arcs à main.

Item.............................. soixante XIIes de flesches.

Et................................. six douzaines de cordes.

A monseigneur de Roubays, cedit jour, par l'ordonnance et pour délivrer comme dessus .... vint-cinq ars à main.

Item............................. vint-cinq douzaines de flesches.

Et................................. deux douzaines de cordes.

A monseigneur de Marle, cedit jour, par l'ordonnance et pour délivrer comme dessus .... quatre-vins arcs à main.

Item .... quatre-vins douzaines (de) flesches.

Et................................. sept douzaines de cordes.

A monseigneur de Fiennes, cedit jour, par l'ordonnance et pour délivrer comme dessus... vint-cinq arcs à main.

Item..................................... vint-cinq XIIes de flesches.

Et... trois douzaines de cordes.

A monseigneur de Roussy, cedit jour, par l'ordonnance que dessus, pour délivrer aux archiers de sa compaignie............. vint arcs à main.

Item....................................... vint douzaines de flesches.

Et....................................... deux douzaines de cordes.

A monseigneur le maréchal, cedit jour, par l'ordonnance que dessus, pour délivrer aux archiers de sa compaignie...... quarante-six arcs à main.

Item................................ quarante-six XIIes de flesches.

Et....................................... quatre douzaines de cordes.

A monseigneur d'Arguel, cedit jour, par l'ordonnance et pour délivrer comme dessus................................. vint arcs à main.

Item .... vint douzaines de flesches.

Et .... deux XIIes de cordes.

A monseigneur de Montagu, cedit jour, par l'ordonnance et pour délivrer comme dessus .... vint arcs à main.

Item .... vint douzaines de flesches.

Et....................................... deux douzaines de cordes.

A messire Philippe de Crèvecuer, cedit jour, pour délivrer aux archiers de corps de mondit seigneur...................... cinquante arcs à main.

Item.............................. soixante-quinze XIIes de flesches.

Et... huit douzaines de cordes.

A lui cedit jour par l'ordonnance de mondit seigneur de Charrolois pour délivrer aux archiers de sa compaignie............. cinquante arcs à main.

Item.............................. cinquante XIIes de flesches.

Et..................................... quatre XIIes de cordes.

A messire Jehan de Bornoville, cedit jour, par l'ordonnance que dessus, pour délivrer aux archiers de sa compaignie........ trente arcs à main.

Item..................................... soixante douzaines de flesches.

Et....................................... cinq douzaines de cordes.

A monseigneur de Saveuses, cedit jour, par l'ordonnance et pour délivrer comme dessus............................. quarante-deux arcs à main.

Item.............................. quarante-deux XIIes de flesches.

Et....................................... quatre douzaines de cordes.

A monseigneur de Miraulmont, ce jour, par l'ordonnance et pour délivrer comme dessus............................. douze arcs à main.

Item .... douze douzaines de flesches.

Et... deux douzaines de cordes.

Et si en a esté délivré par l'ordonnance de mondit seigneur, à pluseurs archiers de l'armée, ledit VI° jour de janvier oudit an, que lors mondit seigneur atendoit que ceulx du pays de Liège le deussent venir combatre, deux coffres d'arcs esquelz avoit.................. deux cens arcs à main.

Item, pareillement fut délivré ausdiz archiers une queue de flesches, en laquelle avoit.................. deux cens vint cinq XII°ˢ (de) flesches.

Et... vint douzaines de cordes.

Autre distribucion faicte de trait pour crennequiniers.

Primo.

A monseigneur de Ravestein, le trésième jour du mois d'octobre oudit an LXV, par l'ordonnance de mondit seigneur de Charrolois, pour délivrer aux crennequiniers de sa compaignie.................. trois cens viretons ferrez.

A monseigneur le maréchal de Bourgoigne, cedit jour, par l'ordonnance que dessus, pour pareillement délivrer aux crennequiniers de sa compaignie .... deux cens viretons ferrez.

A monseigneur le marquis de Rothelin, cedit jour, par l'ordonnance et pour délivrer comme dessus..................... deux cens viretons ferrez.

A monseigneur le conte de Vernembourg, cedit jour, par l'ordonnance et pour délivrer comme dessus................. deux cens viretons ferrez.

A monseigneur de Couches, cedit jour, par l'ordonnance et pour délivrer comme dessus................................. deux cens viretons ferrez.

A mondit seigneur de Ravestein à Cleyngherne, pays de Liège, le sixième jour de janvier, oudit an LXV, par l'ordonnance et pour délivrer comme dessus................................. trois cens viretons ferrez.

A mondit seigneur le maréchal de Bourgoigne, cedit jour, par l'ordonnance et pour délivrer comme dessus............ trois cens viretons ferrez.

A mondit seigneur le marquis de Rothelin, cedit jour, par l'ordonnance et pour délivrer comme dessus................. deux cens viretons ferrez.

Autre distribucion de maillets de ploncq, faicte durant le temps de ladicte armée, en la manière cy-aprez déclairée.

Primo.

A monseigneur le conte de Saint-Pol, par l'ordonnance de mondit seigneur de Charrolois, le deuxième jour de juing l'an mil CCCC soixante-cinq qui lui fut envoyé en la ville d'Athies avec autres parties d'artillerie que l'en lui envoya lors pour la garde et deffense de ladicte ville...........
.... six vins maillets de ploncq.

A huit vins dix pyonniers estans ou service de mondit seigneur de Char rolois qui leur fut délivré à Rosey, par l'ordonnance de monseigneur de Moreul, maistre de ladicte artillerie, pour la deffense du charroy d'icelle, à chascun ung maillet de ploncq. Pour ce......... huit vins-dix mailletz.

Item, le sexième jour de juillet, oudit an LXV, qui fut le jour de la bataille que mondit seigneur ot contre le Roy de France et sa puissance au lieu de Mont-le-Héry, fut distribué à pluseurs gens de guerre de l'armée de mondit seigneur de Charrolois, archiers et autres et meismement aux charretons d'icelle armée, le nombre de...........................(1)

A monseigneur le maréchal de Bourgoigne, le vint-huitiesme jour du mois d'aoust oudit an LXV, par l'ordonnance de mondit seigneur de Charrolois, pour délivrer à aucuns coustilliers de sa compaignie...........
.... cent mailletz de ploncq.

A monseigneur de Conches, cedit jour, par l'ordonnance et pour délivrer comme dessus........................ vint-cinq mailletz de ploncq.

A messeigneurs d'Arguel et de Montagu, ledit jour, par l'ordonnance et pour délivrer comme dessus................... trente mailletz de ploncq.

A monseigneur le marquis de Rothelin, cedit jour, par l'ordonnance et pour délivrer comme dessus................... trente mailletz de ploncq.

A messeigneurs Claude et Tristran de Toulonjon, cedit jour, par l'ordon-nance et pour délivrer comme dessus........... vint mailletz de ploncq.

A mondit seigneur de Saint-Pol, le sixième jour de janvier, à Cleyn-gherne, pays de Liège, par l'ordonnance et pour délivrer comme dessus...
.... cinquante mailletz de ploncq.

A mondit seigneur de Ravestein, cedit jour, par l'ordonnance et pour délivrer comme dessus................... cinquante mailletz de ploncq.

A mondit seigneur le bastard, cedit jour, par l'ordonnance et pour délivrer comme dessus...... .... cinquante maillets de ploncq.

A mondit seigneur le maréchal, ledit jour, par l'ordonnance et pour délivrer comme dessus................... cinquante mailletz de ploncq.

Et si en a esté délivré durant icelle armée à pluseurs compaignons de ladicte armée, tant durant le temps que mondit seigneur de Charrolois a demeuré à Conflans, comme aussi ou pays de Liège.................
.... deux cens mailletz de ploncq.

---

(1) En blanc dans la pièce.

Autre distribucion de picqs, hoiaux, cuigniés, louchetz et sarpes faicte ladicte armée durant, ainsi que cy aprez s'ensuit :

Primo.

Le deuxième jour de juing oudit an LXV fut, par l'ordonnance de mondit seigneur de Charrolois, délivré à monseigneur le conte de Saint-Pol, lui estant à Athies-lez-Péronne........................... douze pycqs.

Item................................ douze hoïaulx.

Item................................ douze cuigniés.

Item................................ douze louchetz et pelles.

Et................................ douze sarpes.

A Jehan de la Douyère et Pierrequin Pippe, fourriers de l'ostel de monseigneur le conte de Charrolois, qui leur fut delivré ledit IIe jour de juing pour délivrer par les offices de l'ostel d'icellui seigneur pour eulx en aidier en cas nécessaires..... .... vint-quatre pycs.

Item............................ vint-quatre hoiaulx.

Item............................ vingt-quatre cuigniés.

Item............................ vint-quatre louchetz et pelles.

Et............................ vint-quatre sarpes.

Item, qui a esté despensé les XXe, XXIe, XXIIe, XXIIIe, XXIIIIes jours dudit mois de juing, durant lesquelz jours, le siège fut mis par mondit seigneur de Charrolois devant le chastel de Beaulieu et qui fut délivré à monseigneur de Moreul, maistre de ladicte artillerie pour faire les approches dudit siège ainsi qu'il est accoustumé et dont riens n'a esté recouvré, ladicte plaice gaigniée........................... trente-quatre pycs.

Item........................... cinquante hoyaulx.

Item........................... quatre-vins pelles ferrées et louchets.

Item........................... cinquante-quatre cuigniés.

Et........................... trente-deux sarpes.

A monseigneur le maréchal de Bourgoigne, le vint-huitiesme jour du mois d'aoust, pour faire les tranchys autour de son logis lez Conflans, par l'ordonnance de mondit seigneur............ trente-six pelles et louchetz.

Item .... douze pycs.

Item........................... douze hoiaulx.

Item........................... huit cuigniés.

Et........................... seize sarpes.

Et si en a esté délivré depuis le premier jour de juing oudit an LXV, jusques au XXVIIe jour de janvier ensuivant à pluseurs seigneurs, chevaliers et escuiers de ladicte armée pour faire leurs logis et eulx en aidier à leurs nécessitez le nombre de .... quatre-vins quatre pycs.

Item........................... soixante-trois hoiaulx.

Item.. cent six pelles et louchetz.
Item:... quatre-vins deux cuigniés.
Et .... soixante-quinze sarpes.

Somme de la distribucion faicte desdits picqs, hoyaulx, peelles, louchetz, cuignées et sarpes selon la déclaracion cy-dessus :

Item.. (1)
Item.. (1)
Item... .... (1)
Et... (1)

Autre distribucion d'artillerie, par l'ordonnance que dessus, faicte en la manière qui s'ensuit :

Primo.

A Maillart de le Lentille, escuier, commis à la garde de Ponts-Sainte-Maxence, qui lui fut délivré le dernier jour de juing oudit an LXV, par l'ordonnance de mondit seigneur, pour la garde et deffense dudit lieu, deux serpentines de métail, toutes d'une sorte, garnies de leurs roes et affustz, pesans environ deux cens cinquante libvrez la pièce ; lesquelles ont esté perdues audit lieu aprez la journée de Mont-le-Héry. Pour ce..............
.... deux serpentines et les affustz.

A lui, ledit jour, par l'ordonnance que dessus...... six culevrines de fer.

A Oste de le Motte, le quatorzième jour de Juillet oudit an LXV, pour la plaice du Pont Saint-Clou, par l'ordonnance que dessus, six culevrines de fer qui furent perdues. Pour ce.................. six culevrines de fer.

Item, à la journée de Mont-le-Héry, qui fut le XVIᵉ jour dudit mois de Juillet, furent rompues à tirer sept autres serpentines de métail de pareille sorte que celles cy dessus, dont il y ot pluseurs pièces perdues. Pour ce vci.. sept serpentines de métail.

Item, a esté desrobé devant Conflans, une serpentine de pareille sorte que celles dessusdictes. Pour ce.................. une serpentine de métail.

Item, à monseigneur le marquis de Rothelin, par l'ordonnance de mondit seigneur de Charrolois, le vint quatriesme jour d'aoust oudit an LXV......
.... dix culevrines de fer.

Et si ont esté rompues durant ladicte armée six culevrines de fer de pareille sorte. Pour ce.......................... six culevrines de fer.

(1) En blanc dans la pièce.

Item, n'est mie à oublyer que durant le siège que mondit seigneur de Charrolois fist mectre ou mois de juing mil CCCC LXV devant la plaice et chastel de Beaulyeu, il y ot pluseurs pavays qui furent mis aux approches qui se firent audit siège pour pavisier et tander les canonniers et autres persounes besongnans esdictes approches, dont la pluspart d'iceulx furent rompus et gastez, tant des canons que ceulx de ladicte plaice gettoyent à l'encontre, comme autrement, et meismement au trenchys qui fut fait autour du logis de mondit seigneur de Charrolois à Conflans, là où il fut par l'espace de soixante-dix jours entiers, y ot pluseurs d'iceulx pavays rompuz et gastez, car les canonniers, chartons et autres en firent leurs logis. Et de deux cens desdits pavays qui furent chargés audit Lille, le vint-deuxième jour du mois de may oudit an LXV, pour mener en l'armée dessusdicte, n'en a esté ramené qui soit venu au prouffit de monseigneur que soixante-seize pavais. Ainsi, en y a eu de perdus........... six-vins-quatre pavays.

Item, et pareillement ont esté perdus que rompus durant ledit voiage : seize leviers de fer de pluseurs sortes de ceulx qui furent menez en icellui voyage. Pour ce yci............................... ... seize leviers de fer.

Item et d'autre part a esté despensé durant ladicte armée, tant pour les ponts qui se sont faiz pour passer l'eaue de Saine, ès lieux de Mouret et Conflans, pluseurs ferrailles estans en icelle artillerie, tant de ce qui y estoit en garnison, comme de l'achat qui fut fait au partement de Lille, assavoir chevilles de fer, crampons, clouz de toutes sortes et autres menues choses, tellement que pou ou néant en est demouré qui soit de valeur.

Et quant au regard du cordail qui estoit en garnison en ladicte artillerie et meismement de cellui qui fut achetté au partement de Lille, en may LXV et aussi de ce qui depuis a esté achetté à Estampes et ailleurs, il a esté tout despensé et délivré, tant aux chartons qui ont mené l'artillerie comme en la faiçon des ponts faiz à Mouret et Conflans pour le passaige de l'eaue de Saine et n'en est comme riens demouré, et ainsi le Receveur de ladicte artillerie n'en doit par raison estre de aucune chose chargié, car il a esté délivré par l'ordonnance du maistre de ladicte artillerie quant besoing a esté.

Waleran de Soissons, seigneur de Moreul et de Mareul, chevalier, conseillier et chambellam de monseigueur le duc de Bourgoigne et maistre de son artillerye, certiffions à tous appertendra que, par l'ordonnance et exprez commandement de monseigneur le conte de Charrolois, filz de mondit seigneur le Duc et son lieutenant général et de nostre sceu et consentement, toutes les parties d'artillerie cy dessus en ce présent roolle contenant unze pièces de parchemin contenues, assavoir : pouldres, pierres de bombardes et autres bastons, plombetz de serpentines, fustz et fers de lances, vouges, picques ferrées, arcs à main, flesches de guerre ferrées, cordes d'arcs à main, viretons pour crennequiniers, mailletz de ploncq, pycqs, hoiaulx, peelles ferrées, louchetz, cuigniés, sarpes, serpentines, culevrines, pavays, leviers de fer, ferrailles et cordail ont esté délivrées et distribuées par Guillemot Bourgois, receveur de ladicte artillerie, et en nostre présence, aux personnes, ès jours et en la fourme et manière qu'il est spéciffié et déclairié en cedit présent roolle, et de toutes icelles parties d'artillerie dessusdicte ledit Guillemot doit estre tenu pour quictié et deschargié, car de ainsi le faire il a eu charge et commandement de moudit seigneur de Charrolois et de nous. Tesmoing noz séel et seing manuel cy mis, le huitiesme jour de février, l'an mil quatre cens soixante cinq.

Archives du Nord. Chambre des Comptes de Lille. Art. B. 3.516. Rouleau original formé de onze feuilles de parchemin cousues ensemble, scellé du sceau en cire rouge, en parti rompu, de Waleran de Soissons, pendant à simple queue de parchemin.